なぜそんなに「まわり」を気にするの？

親と子をめぐる事件に思う

青木　悦
Etu Aoki

けやき出版

なぜそんなに「まわり」を気にするの？　目次

◆初出／社団法人子ども情報研究センター発行 機関誌『はらっぱ』２００３年５月号～２００７年３月号連載「子どものまわりを歩きつづけて　いま、思うこと」②～㉜

はじめに

この本は、２００３年5月から２００７年3月まで、大阪市にある社団法人「子ども情報研究センター」発行の機関誌『はらっぱ』に連載されたものをまとめたものです。このセンターは子どもの人権に関わる活動をずっと続けてこられた民間の非営利団体ですが、このセンターをずっと支えてこられた鈴木祥蔵、昭子さん御夫妻には、私は初めて本を書いたときから精神的に助けられてきました。そのことは本文中76頁に書きました。

そういう大切な御縁をいただいて連載させていただいたのですが、当初から「好きなように書いてください」と言われました。当時いくつか雑誌の連載をしていましたが、ここまで「好きなように」と言われる企画は無かったので、月1回、まるで、その時期の私のストレスを吐き出すように書きました。

今思うと、こんなこと書いてよかったのかなあとか、ここまで言うか…と、我ながらびっくりするものもあります。今回まとめるにあたって、その辺を整理しようかとも考えたのですが、その時その時の私の、不十分だけれども精いっぱいの思いが出ているとも思い、一切カットすることなく（一部語句を修正）まとめました。

意図したわけではありませんが、その時々発生した、子どもや女性をめぐる「事件」について思うことを書いております。今読み返すと、こんなにもこの時代、胸につき刺さる「事件」は起きていたのかと、あらためてびっくりします。

しかしこの時代は、特別な時代ではありません。たまたま私が『はらっぱ』に連載した4年間です。それでも2004年の長崎・佐世保市で起きた小6同級生女子殺人事件とか、2006年滋賀・長浜市で起きた幼稚園児殺害事件とか、当時、世間をさわがせたいくつかの「事件」について、思うところを書いています。

「事件」を取材して書いたものではありません。報道などで知り得たことに感想を述べたものにすぎません。後から裁判などでわかり得た事実も加えれば、もっと違った感想もあり得るのでしょう。その点、極めて中途半端な思いを書いたものです。結果的に、その時代の、ほんのちょっとした空気が伝わるかな、というのが、本書をまとめた私の思いです。

そしてこのちょっとした空気は、この本に出ている4年間が特別なものではないことを、いま、子どもと生きる人たちと共に考えるきっかけになればいいなと思います。

少年犯罪がびっくりするほど増えている根拠もないのに、少年法はますます厳罰化改「正」が行われました。「いじめ」や「事件」で不安にさせられた社会の空気を利用して、

２００６年末には教育基本法が戦後初めて改「正」され、子どもへの体罰を禁止している学校教育法、先生たちの自由に関する教員免許法など、いわゆる教育三法も、大した議論もないまま多数派の力で改「正」されようとしています（一部は既に通過）。さらにこの先に将来の子どもたちの人生を左右する憲法改「正」まで、強行されようとしています。

教育基本法は戦後に生まれた私にとって、どんな家庭に生まれようと、私という個人が大切にされるという思想を支えてくれました。しかし改「正」教育基本法は「国や伝統を敬う」ことが重視され、個人の大切さは見えなくされました。家庭という極めてプライベートな部分にまで「基本法」が介入し、新教育基本法第10条に「家庭教育」という項目が加わりました。

「父母その他の保護者は、（略）（子どもの）自立心を育成し、心身の調和のとれた発達を図るように努める」と書いてあります。どの親もがそれができれば悩みは無いのです。私のように、極めて中途半端な親の元で育った子どもにとって、こんな言葉はウソを通りこしてハラが立つものです。

同時に少年法のさらなる厳罰化は、親に暴力をふるわれて育った子にとって、つらいものになります。最初の少年法の持っていた理念、「子どもは守られるべき存在」ということばは、初めて出会ったおとなのやさしさ、社会のふところの深さを示すものでした。親ていく子どもが多くなっているのに、親に苦しめられ、殺されていく子どもが多くなっている現代において、この改「正」はあまりにも子どもの現状を知らない絵空事の、そして極めて政治的な判断の元で行われたものです。

一連の流れは、どこまでも「国」を重視し、個人を見えなくしていくものです。私はそう思っています。私の、一度だけの、だからいとおしい人生、わが子の、一度だけの、たったひとつの個性を生きる大事な、大事な人生、それらがけしつぶのように小さなものとして無視されようとしています。

その流れに抗して何ができるか考えて、行動も多少してきました。この4年間を危険な時代へのすべり台のまん中で両手を広げて「ノー！」と言う、まるでドンキホーテのようですが、私なりのことば、私なりの見方で、叫びつぶやくものとして本書がまとまったのかなと、それなら出版する意味もあるのかなと思います。

しかしどこまでもつぶやきでしかないものになりました。もっと威勢よく、元気の出る本を書きたいと思いました。ただ、私にとってこの本は、というよりこの連載のひとつひとつは、けしつぶの最後のつぶやきのように思って書かれたものです。目立つものにはならないと思いますが、ぜひ、じっくり読んでください。そして意見を交わすきっかけになれば、これ以上の喜びはありません。

なぜそんなに「まわり」を気にするの？

親と子をめぐる事件に思う

「休み時間」がつらいと言う子どもたち

30分間の「中休み」が苦痛で不登校している小学生がいる。30分間の「昼休み」が耐えられなくて中退した高校生がいる。「ハズされていて、完全な〝独り〟になる。それがとてもこわい」とそろって言う。

１９４６年生まれで50代も半ばを過ぎた私などは、「独りでもいいじゃない。いつも誰かといっしょよりラクなときもあるよ。独りなら独りで、本を読むとか、窓から外をボーッと見るとかすればいいじゃないの」と言ってしまう。すると、「友だちがいないということがはっきりわかるのがつらいんだ」と答える。つまり、まわりの級友たちに「あいつは友だちがひとりもいない。ハズされてる（いじめられている）ヤツなんだ」とわかられることがつらい、と言うのである。

「まわりがどう思おうといいじゃないの。人は人、自分は自分、そう思えば？」と言うと、こんな答えが返ってきた。

学校に行く意味が見えない

「それなら、なんで、学校に行くの？　友だちも要らないなら、なんで学校に行く必要があるの？」

私は返事に窮した。そういうふうに考えたことは、少なくとも私はなかった。素朴に「学校は勉強しに行くところ」と思っていたから、友だちとケンカしてひとりぼっちになるときもあったが、耐えられた。「勉強」の時間は「友だち」のことを忘れていたし、何よりも子どもの数が多かったから、いま私が〝独り〟であることを知らない友だちもたくさんいた。ということは、友だちの層がいくつかあって、まったく〝独り〟になることはなかったということだ。

いまは、すさまじいスピードで進んだ少子化にもかかわらず、学校というシステムそのものはあまり大きく変わっていないし、変えようとしない。1クラス30人少々で1学年2クラスなどという学校も多い。これを「大規模校」とは言わないだろうが、「小規模校」でもない。あちこち歩く私から見れば、「ふつうよりもむしろ大きい」と言える。

その30数人のなかで（2クラス、つまり学年全部でも60人少々のなかで）、「ハズされているヤツ」というレッテルを貼られることは、他に行き場がないことを意味する。簡単に表現すれば「ハズされているヤツ」という噂を流す「いじめ」をされているのである。（1959年に中学校に入学した私のときは60人は1クラスの人数、そのクラスが、多いときは1学年13クラスもあった。全校生徒2千人という中学校はざらにあった）

クラスでではなく、学校で独り

1学年13クラスもあった頃は、クラスに居づらいときはずっと遠くの別のクラスの友だちを訪ねることができた。学校で同じクラスではないけれど幼稚園でなかよしだった子、家が近くで幼い頃よく遊んだ子などがいた。これが子どもの友だちの層の厚さだと私は思う。

昔子どもだった人に一番わかりにくいのが、この「学校で独りになるのは死ぬほどこわい」という、いまの子どもたちのことばなのである。その子どもたちの個人的〝弱さ〟などでは決してないのだが、そういう決めつけをするおとなはけっこう多い。いまの子どもたちの〝独り〟は、文字どおり学校全体でひとりぼっちということなのだ。転校してきて初めての学校に行くときの不安が毎日続いている、と表現すればわかってもらえるのだろうか。そんな長時間の緊張に耐えられるはずはないのである。

さらに、学校はいまや「勉強の場」とは言い切れない。もちろんそういう子も多いけれど、学年が進むにつれ、「勉強」は塾でする子が増えていく。「勉強」の場でもなくなり、「友だちと会える」場で友だちからハズされるなんて、「なんで学校に行く必要があるの?」となってしまうのは、充分うなずけるのである。

不登校や中退が、子どもの数の減少にもかかわらず増えている背景には、こうした理由があると思う。つまり、現状とシステムがあわなくなっているということだ。

ふざけるな! 文科省

この3月、文部科学省の中央教育審議会は教育基本法「見直し」の答申を出した。そして私がとても注目しているのは、同じ時期に同じく文科省が10年ぶりに発足させた「不登校問題に関する調査研究協力者会議」の中間まとめが発表されたことである。この2つのことは完全にセットであると私は思う。

教育基本法「見直し」については、その国家中心主義的、戦争準備的、差別的考え方にモーレツな反対の意見をもっているが、それについてはまた改めて書きたい。ここで言いたいのは、「見直し」の答申が「いじめ、校内暴力の『5年間で半減』を目指し…」と大ウソを言い、さらに「不登校等の大幅な減少を目指し…」を言いながら、さらに子どもたちに競争させようとしている答申を出す、その詐欺的な文科省の姿勢に怒りを感じるということだ。

子ども不在の教育基本法見直し論議

子どもたちが少人数のなかで、さらに競争させられ、あの子より上、あるいはこの子より下という認識の延長線上に「いじめ」が生じて、文字どおりいのちがけで不登校をしているというのに、その現実への視線はお役人たちにまったく感じられない。「21世紀の教育が目指す…」(「見直し」答申中の表現)と言いながら、システムに疲れ、そこから出た子どもたちを、システムを反省することなく、やみくもに「学校に帰らせる」ことは、子どもの権利を踏みにじるものとしか言いようがない。子どもの権利を認めない「21世紀」もないし、子どもの権利を考えない「世界の中の日本」(同じく答申のなかのことば)でいいはずはない。

学校というシステムをいまの子どもにあうようにするには、どこを変えればいいのか。とりあえずはクラス制廃止、あるいは1クラス10人ぐらいの思い切った少人数制など思いつくが、いまは、一つひとつ具体的に子どもの側から考えるときだというのに、教育を語るおとなたちは子ども不在のまま、子どもを利用して、日の丸・君が代の強制に続いて、さらに「愛国心」など強要しはじめた。どこまでも「おかしい」と言っていきたい。
　疲れる学校にわが子を通わせながらだからつらいけれど、その学校のなかで、子どもに視点をあててがんばる先生たちもいる。つながりたいと切に思う。

（２００３年５月号）

家族のため、子どもを利用しないで！

「あなたはいま、どこからこの電話をかけているのですか？」――相談の電話を受けるとき、何回かこのことばを口にするようになった。

20年ほど前、いわゆる家庭内暴力におびえた親が、会社の廊下の公衆電話から、近所のスーパーの入り口にある赤電話から、というのは時々あった。このごろはほとんどの人が携帯電話をもっている。「自宅近くの公園からかけています」とか「マンションの入り口のロビーからです」などの答えが多くなった。

携帯の普及でどこからでも電話できるようになったわけだが、その分、電話してくる人（多くが母親）の文字どおりの居場所のなさ、孤絶感、まるで漂流といってもいいようなよるべなさが、電話の向こうから伝わってくる。電話の向こうに、かけている人の生活の音が全くしないのだ。

公園から携帯電話

春とはいえ吹く風は身を切られるような冷たさで、花にはまだまだ遠い。そんなころ「近所の公園から」携帯で電話してきた40代の母親という女性（名前は言わないし、こっちも聞かない）は、声だけでなくからだもふるえているように思えた。「そこ、寒いんじゃありませんか」と言うと、「寒いけど、いいんです。ここだと誰かに見られても、まさか息子のことで電話してるとは思われないから。それに、息子に見つかる心配がありませんから」と言う。

20歳になる一人息子が高校1年のころから学校に行かなくなり、結局中退、以来家から出なくなって、丸4年になるという。それだけ聞けば、この男の子はいわゆる「とじこもり」の、いわゆる「自立阻害」の、いわゆる「思春期症候群」のひとりに見える。しかし、この母と子は関西のある町から東京都内のマンションに、夫を置いたまま引っ越してきていた。理由は、「環境を変えた方がいいと思って…」。

もっと正直に話してもらわないと私の意見は言えない。何が問題なのか、この電話の向こうにいる人は一番何を望んでいるのか、ウソの〝相談〟あるいは大事な事実を隠したままの〝相談〟では、私には答えられない。かといって「あなた、ウソ言ってるでしょう」

なんて言い方は、私にはできない。ウソであろうと、秘密を抱えたままであろうと、いまこの女性が切羽詰まって電話をしてきていることに違いはない。私は、この人の困難な問題の方に注目するから、ただ黙って聴く。ここで一番気をつかう。

学校に行かなくなった…

「小さないなかの町で、うちの息子は小さいときから何でもできて、勉強もスポーツもトップでした。高校も県下一のところに合格して…。それが1か月ももたなかったんです。びっくりして怒ったり、泣いたり、大騒ぎでした」

「誰が？」

「私が、です。息子は、ただ黙っていました。私にビンタされても、玄関にしゃがみこんで動かないからその背中を私が蹴ったときも、ただ黙っていました」

私はもうこの辺りで涙がうかんでくる。学校に行きたくないと口にできず、でもからだが正直にそれを表現して、でも心配かけたくないから、その理由を、怒る母親に言うこともせず、黙って殴られ、黙って蹴られている、おそらくはからだは母親よりも大きくなっているであろう、その男の子の心のなかを想像すると涙が出てしまうのである。

「どうしようもないとわかったとき、私はこの町を出ようと思いました」

「なぜ？」

「この町が、この子をこんな風に追い込んだと思ったからです。でも夫は仕事があるからこの町を出られないと言いました。そして、子どもがこんなになった（どんなになったというのだろう？）のは、母親の私のせいだと言うんです。だから、息子をつれて、ふたりだけで出てきたのです」

東京に出てきた理由

こんなケース、1つや2つではない。だから私は、このときの引っ越し費用や東京近辺でのアパート・マンションの購入あるいは借りるときの費用を夫が出しているだろうと、このときもすぐ考えた。確認すると、そうだ、と当然のように答えた。

「そして、私立の高校に入ったのですが、ここは3週間しかもたなくて…」

それから4年、夫からの仕送りと彼女がパートで働きながら得る収入とで、母と息子は狭いマンションのなかでずっと共に生活してきた。しかし、この1年ほど、息子は母親に暴力をふるうようになった。とうとう思い悩んで、どこかの誰かに聞いたという私の電話番号をまわしたということらしい。その間さまざまな相談機関、カウンセリング等を訪ねたというから、私への電話は、他にやりようがなくなって、文字どおり藁にもすがる、あるいは皮肉な言い方をすればダメで元々という気持ちからだったろう。

私はこの人とは会った方がいいと思った。私は相談を業務にしているわけではないから、こんなふうにあとから時間を決めて直接会うことはめったにない。この場合は、この母親の状況も大変だと思ったけれど、子どもさん（もう20歳だから子どもというのもおかしいが）が、何よりももう「出たがっている」と思ったからである。

母親の支配から「出る」ために

家から「出たがっている」だけではない。この母親の支配から「出たがっている」と思ったから、「出る」ための手助けができるかもしれないと思った。当の本人がそういう意志を、孤独ななかで、よくもまあ、たったひとりで育て、見つけたなあと思った。こんなときの子どもを私は心からエライと思ってしまうから、すぐ行動した。

ここまでもずいぶん気をつかって書いている。どこの誰か特定されないように…。このケースのなかからいっしょに考えてほしい一点を引っぱり出すために——。

結局、この女性は認めた。できのいい息子が自慢だったこと、できがいいのは私の努力のおかげだと思っていたこと、その子が中退したとき「みっともなくて」息子をつれて町を出たこと、夫が彼女に「ざまみろ」と言ったことが引き金だったこと等々。息子さんは訪ねてきた父親と殴りあいまでして「主張」し、いま、大学の夜間部に通いながら家を出て自活しはじめた。夫婦は離婚した。

子どもを〝利用〟する生き方を、気がつかないままやっている人は多い。私はいま、この息子さんとも母親ともつきあいはない。それでいいと思っている。

（2003年6月号）

「心」を壊す「心のノート」

実質的な国定教科書である「心のノート」（去年、文部科学省から小・中学生に、道徳の〝副教材〟として配布された）について多くの批判と歓迎の声がある。

歓迎の声の代表的なものに、「いままで道徳の時間に何をしたらいいかわからなかった。このノートで助かる」という30代の教員のものと、私にはまるで新興宗教団体のパンフに見える絵や文章を見て、「あらステキ、きれいだわ。それに、どこにも悪いこと書いてないわ」と言ったやはり30代前半の若い母親のことばがある。

前者の教員に対しては、この人のことばそのものが「道徳教育」のわけのわからないところを示していると思った。この教員は年齢的に考えて、「道徳教育」の授業を充分体験してきているだろう。しかし「道徳」は伝わっていないらしい。

若い母親に対しては、私の目の前で言われたことだったので、「キレイ」はそのままいいことなの？「悪いこと」って何？「良いこと」って何？「悪いこと」を書く教科書って何？　などの議論ができて、それはそれでとてもおもしろかった。その場にいた20数人の女性たちと、この問題について考えることもできた。

「心」への介入は暴力

私が「心のノート」の一番問題だと思うところは、このノートの内容があまりにも、いまの子どもたちの現状と気持ちを無視しているという点だ。子どもの気持ちを無視して、その「心」に無理矢理介入することは暴力だと、私は思う。

子どもの現状と気持ちのどこを一番無視しているか——それは、学校と家庭という子どもの居場所そのもののなかで、どこまでも「キレイ」な、どこまでも「正しい」ことを要求され、この正論に押しつぶされそうに、子どもたちがなっていること、しかし相手が正論だから反論できず、自分を責めてしまっていることだ。その上にさらに正論を上乗せするというのである。「心のノート」は、教育の場（学校のみでなく地域でも）がずっと陥ってきた、まるで蟻地獄のような、清潔で、正しくて、美しいもののみをよしとする感性（実は「思想」）の集大成といえるのである。

いま25歳の息子にこのノートを見せた。彼の第一声は「あ、これ、ボク、5がとれる。

こんなの楽勝。先生はどう答えたら喜ぶか、すぐわかる」というものだった。この息子のどうしようもない軽さについては、親としての苦労を後述するが、このことばに表れる学校教育の実態を、私は心配してきた。

学校のいわば予備軍としての家庭も、同じような価値観をもっている。具体的に表現する紙数はないが、「速やか」「さわやか」「キビキビ」「明るく」「強く」…等々。この流れのなかに「健康増進法」も入ると、私は思うが。

「要領の良い」子の問題点

この価値の強制のなかで、こわいことが3段階で起きている。1段目は、ある意味で「要領の良い」子どもはこの強制をそこそこの「演技」でクリアしていくことだ。「答えはわかっている」から、それにあわせておけばいい、となってしまう。

2段目は、このことから、「要領の良い」子どもの気持ちのなかにくっきりとタテマエとホンネができてしまい、私たちおとな（親や教員）に、そのホンネを決してもらさなくなっていくこと。ここで不信感が醸成されてしまう。

そして3段目、この不信感はおとなに対してだけでなく、その子ども自身の価値観になる。この価値に「適応」した子どもは、キレイの反対はすべてキタナイ、キタナイことはダメなこと、気持ち悪いことという差別の根源といっていい感性を抱いてしまうこともある。それは「要領の悪い」子どもに対しても向けられていく。

私の息子は小学校低学年の頃に気づいたのだが、きわめて「要領の良い」子であった。私はこの子を進学塾とか〝いい学校〟に行かせたら大変と考えた。仕事で、教育の現状を多少知りえていたことは幸運だった。まわりの人は不思議がったり、ときには〝イヤミ〟を言われたりしたが、私たち夫婦は息子に大学の夜間部を勧め（本人の学力もあったが）、早く労働体験をするよう言った。その通り育ったわけではもちろんないし、トラブルもいっぱいあった。他人を傷つけたことも息子本人が傷ついたこともあったと思う。

いま、彼は、昼間は病院で老人や障害者のリハビリを手伝い、夜は理学療法士をめざして学校に行っている。私が何を言ったわけでもないのに、私に向かって、「障害者はかわいそうなんて、誰が言ったの？　冗談じゃないよ。みんなスゴイ人たちなんだよ」とくってかかったことがあった。その顔を見て、私は奇妙にホッとした。

「心」を閉じる「心のノート」

自分の子どもの自慢ととられるととてもつらい。一般的に自慢できるところはひとつもない子どもだ。私は「要領の良い」子どももまた、それ故に能率のベルトに乗せられて苦しんでいるケースをたくさん見てきたので、わが子に成績のみを要求する姿勢から、からくも逃れることができただけである。きわめて「要領の良い」、その分とても軽いわが子に対し、逆の〝教育ママ〟だった、そんなことを配慮したからって何がどうなるわけでもないのに、といまは自分のおろかさを笑う気もある。

「心のノート」は皮肉なことに子どもの「心」を閉じさせてしまうノートである。「答えはわかっている」と思わせてしまうノートだから、説教の形態がひとつ増えたぐらいのものになってしまう。そして、こわいことに、子どもたちの間にキレイな人間とキタナイ人間をつくり出してしまう。こんなものに「心」なんてタイトルをつける感覚を疑う。その程度の「心」の人に、子どもの「心」をとやかく言ってほしくない。

「何を教えたらいいかわからない道徳の授業」なら、なぜそんな授業時間ができたのか、本当の道徳って何なのか、子どもたちと話しあえばいい。語りあう教員と子ども、その姿のなかに、相手の気持ちをくみとりながら自分の意志も伝えること、人と人の関係に上下も強弱も存在しないことなど、真の「道徳」の姿が存在すると私は思う。上から与えられる「心」は、最も「道徳」からは遠いものになるだろう。

（2003年7月号）

おとなになれなかった？　父親

「夫が仕事から帰ってきて、寝ている小2の男の子と幼稚園・年長の女の子を起こし、今日どんなことがあったか言わせて、その一つひとつに注意をするんです。子どもは眠いし、忘れていることも多いのですが、忘れることは許されないとか、眠いのぐらいガマンしろ、と夫は言います。ふたりの子どもは最後は泣き出して、毎晩のように泣き寝入りをするのですが、これでいいのでしょうか」――30代の女性・Aさんのことば。

「いいわけないでしょう」

と、私は言う。すると、

「でも、私が、やめて！　と言うと、きみはいつもそうやって甘やかすからダメなんだ。僕が叱っているときは黙ってろって言うんです」

「もしかしたら、あなたの夫さん、子どものころ、とても厳しい親御さんだったんじゃない？」と、私。

「えっ、どうしてわかるんですか？　おっしゃるとおり、いわゆるハシのあげおろしにも口やかましい、口ごたえするとビンタがとんでくるという、とても厳しい両親だったようです」

「厳しい」のか、冷たいのか？


「両親そろって厳しかったの？」

「ええ、夫の話だと、父親がとてもこわくてビクビクしていた、母親は何かあるといつも『お父様に言いますよ』と言って彼をおどしたそうです」

「ビクビクしていた、おどした、というのは、夫さんがそう表現したんですか？」

「ええ、そうです。夫はいまでも両親がこわいらしく、年に何回か夫の親と会うと、とても緊張しています」

この話は個人的相談ではなく、何人かの人がいる場所で語られたものだ。私とその人の会話を一字一句そのまま書いたわけではない。ただ、この類いの話はあちこちで耳にしている。

いま30代後半から40代前半の男たち、つまり子育て中の父親であることが多いが、この男たちが子どもたちにとても厳しくて、しかもその男たち自身も厳しく育てられているということが多いのである。もっとも、ここでいう「厳しい育て方」ということばが適切かどうか疑問だ。「厳しい」のか「やさしくないだけ」なのか、ビミョウだと思うから。

自己主張できなかった

Aさんと私の会話を続けてみる。

「あなたの夫さんは、自分が子ども時代に両親に対して文句を言いたかった感情、くやしさとかハラダチとかをまだきちんと表現できていないんじゃないかなあ」と私。

「それって、トラウマってことですか?」と、Aさん。

「私はトラウマとか何とか、そういうことばは全然わからない。何をトラウマというのかもわからない。ただ、子どもは、親の圧力を乗りこえる時期があると思う。それは現に口ごたえしたり、ドアを思いきりバターンと閉めて出ていったり、ときには親を殴るという形で出たり、いろんな形をとると思うけど、親に対して自分は自分だと主張する時期を、あなたの夫さんはまだ過ぎていないんじゃないかと思うのよ」

「まだ子どものままということですか?」

「見ようによってはそうとも言えると思う」

「そんなこと夫に言ったら大変ですよ。怒っちゃって…。私、一度言ったことあるんですよ。眠ってる子どもを起こして、子どもが眠いーって言ったら、夫が大声で、眠くなーいって言うんです。私が、まるで子どものケンカねって言ったら、夫は怒って、怒って、私にどなるんです。子どもの前で父親を否定するなんて、君はそれでも母親かーって。ほんと、バッカみたい」

私は言った。

自分のことばをさがそう

「そうね、そういうところが、夫さんの子どもっぽいところよね。でもそんなのを子どもっぽいと言われたら怒る子どももいると思う。あなたの夫さんよりずっとガマン強い子どもも、眠っている子どもを勝手に起こすなんてかわいそうと感じられるやさしい子どももいるものね」

Aさんは、声を高くして言った。

「そう、そうなんですよ。おとなとか子どもとかいう以前の、相手の気持ちを想像する力というか、そういうものが夫には足りないんですよ。子どもっぽいと言うと怒るというのは、そこがきっと彼の弱点なんですね」

「弱点というのは、その人にすればつらいところという意味だから、あなたもトラウマとか弱点とか、決まりきったそこらへんのことばで考えないで、相手のつらさを想像してみなくちゃね」

「そうですよね。そう、私もやさしくないんだ!」

力をこめてうなずくAさんに、まわりの人たちも笑いながらうなずいていた。私も、これはよけいなことと思いながらもつけ加えた。

「Aさんの夫さんは、もしかしたら自分の子ども時代とくらべて、自分たちの子どもがラクをしていると感じてイラついてるのかもしれない。虐待と紙ひとえ。Aさんは夫とたたかって、子どもさんを夜は安心して眠れるようにしてやらなければ…」

せめて夜は眠らせて

この夫さんのうしろにはさまざまな現実があることが想像される。仕事のストレス、労働時間の長さ、「男として」育てられた故に弱音を吐けないジェンダーからくる苦しさなどなど。それら一つひとつを整理して自分で考えていかなければ、子どもはたまったものじゃない。

しかしいま、女よりも男の方がそういう〝考える〟場も時間ももち得ていない。女の人も働く方が多くなったから同じようになるのかとも思ったが、女の人はまだまだ率直にしゃべるなかまをもっている。男の方がずっと固い頭と競争的な〝なかま〟をもってしまっている。むしろそれにしがみついている男も多い。

子どもには父親からも母親からもプレッシャーがかかってしまうことがある。だからこそ男も女も、子どもの、人としての生活の時間だけはなんとしても保障してほしい。ひらたく言えば、食べること、眠ること、遊ぶこと——それが、子どもの基本的生活権だ。そして「今の子どもは基本的生活習慣が身についていない」などと批評する男たちが、子どもの基本的生活を乱していることは案外多いのである。

（２００３年８月号）

「国家主義」の真の意味は？

教育基本法「見直し」のおかしさについて語った私に、会場から「質問」という声。中年の男性が立って言った。

「青木さんの話は感動的だったけれども、教育基本法改悪の流れは明らかに国家主義のあらわれです。それなのに青木さんは国家ということばを使われなかった。問題の本質をどうとらえておられますか」

２００人ほどの参加者の前で、私は穴があったら入りたい心境になる。しかし、この太めの私が入れる穴もないし、穴に入っている場合じゃないと、疲れ切った気持ちとからだで、もう一度答える。

ことばをさがし続けて

「私は冒頭に申し上げました。自衛隊のイラク派遣とか今回の教育基本法〝見直し〟の動きについて、できるだけ既成のことばでくらないで、私たちの日常のなかからそこにつながる部分を見つけていきたいと、ずいぶん遠慮して言ったつもりです。はっきり言うなら今回の動きは国家主義のあらわれと言ってしまえばそれで終わりなのです。でもそれを私たちは何十年言い続けてきたのでしょうか。ことばが伝わりにくくなっていると思ったので、国家という代わりに、子どもを抑え込む〝しつけ〟とか〝体罰〟とか、女に対する〝暴力〟を言い続けてきたのです。そこから、怒りとともに〝国家〟を見つけ出していかなければ、状況を変えられないと思うから、そう語ったつもりでした。しかし、ただいまの発言が出るということは私の表現力のなさですし、もっと勉強しなければと思います」――。

最後の部分は、我ながら情けないと思うが、私は投げすててしまっている。気力、体力の限界を感じるのはこういうときだ。

反対意見は言えばいい。反対意見がはっきり出ればそこではじめて討論になる。どうやってもわかりあえないときは疲れもするが、だいたい意見を同じくする人が集まっている会が多い（このことにもきっと問題はあるだろうが）から、討論しているうちにお互いに「あ、そうか」ということもある。

しかし、この場合のように「○○」ということばを使わなかったのはおかしい、「△△」に触れなかったから（あなたの論は）まちがいだ、という言い方には、私は正直疲れてしまう。こういう言い方はボディブローのように、積み重なって、あとでジワッと疲れを大きくする。せっかくその問題を何とかしたいと集まってきている人たちのなかで、この「○○」と言ったか言わないかでケンカするのもつらい。だからまた懸命に「説明」をしてしまう。

あとで考えればよくわかる。先ほどの男性は、私の話のなかにまったく入らなかった、入れなかったのだ。どの講演会でもそういう人はいる。特に中年以上の男性に多い。

「日常」を知らない男たち

「子どもがいじめをうけたと言ってくれることはとても少ない。苦しいことを苦しいと怒るのではなく、自分が悪かったと自分を責めている。苦しいときは苦しいと言っていいこと、悔しいときは悔しいと泣いてもいいこと、それをまず最初に子どもに保障してから、怒りの出し方、泣き方を〝教える〟のが、いわゆる教育ではないのか。子どもの感情を抹殺しておいて、イヤなことはイヤと言える勇気をもて——、そういう暴力的な対応をしているのが〝教育〟関係者であり、親でもある。その対応そのものが不可解なことを要求しているから…」

という、私の話に途中から、それも話のかなり始まりの部分から入れなくなる男性はいる。居眠りしはじめたり、身の置き所がないといったふうにイライラとからだを動かし、途中で出て行ってしまう人もいる。

そして、そういう人が、つまり居眠りから終了の拍手で目覚めて、真っ先に「質問」と言ったりする。話の終わりのちょっと前に席に戻った人が「ハイ！」と手をあげたりすることが多い。私は、あぁ、この人は私の話を聴きに来たのではないな、自分の意見を言うために来たのだなと見当をつける。

具体的な子どもとの日常、それを体験していない男が多すぎると、いつもハラが立つ。さらにハラが立つのは自分が子どもの日常を知らないことに気づいていない上に、そんなこと気づかなくてもいい、ぐらいに思っていることだ。きっと、いじめの実態とか、それへの対応として悩みに悩んで学校に抗議してくる母親とか、親の抗議の前で立ちすくんでしまう教員とかが想像できないのだ。そういう大切な一つひとつの行動とその背後にある不安、悔しさ、楽しさという「感情」を含めたやりとりを、「くだらない」と思っているのかもしれない。

私の側から見た「国」

でも、ここをわかってもらわなければ、「国家主義」の真の意味も伝わらないと、私は思う。私たちを不自由にし、抑え込み、個人よりも国という形を優先するから「国家主義」というのだろうが、ここで言う「国家」はそのまま「おとな」「男」「力をもった者」と置きかえ得る。「国家」が戦争をし、徴兵をし、殺人がおこなわれても、日常、子どもが殴られ、結果的に殺され、女が男の暴力の前で屈伏させられていることとは別だと思っている人たちが、好んでこの「国家主義」ということばを使うように思えてならない。女、子ども、老人、障害者らは、日常的に命の危機のなかにいるのに、そんなことは「くだらない」ことのなかに入れて、「世界平和」とか「反国家主義」とか唱え続ける人たちは、やっぱりいるのである。

なぜ、ここまで教育基本法の「見直し」に反対するのか。それは、ずっと親から殴られるなかで育ち、「戦後教育」のなかで殴らない男もいることを教えられ、就職でもどこでも女であるというだけで困難ななかで生きざるを得なくて、同じようななかで育ってとうとう「事件」を起こしてしまう子どもに出会い、その子どもを助けようとするおとなとも出会ってきた、私の今までのすべての事実が、この法律「見直し」は現状をさらにひどいものにすることを示しているからだ。

ことばで表現できることも大事だが、ことばのみで「闘った」気にさせられることはこわい。事実とことばと、その織り方は難しいが、事実のすごさ、それへの怒りが、このことば織りをやめさせない。8月を目前に、毎年新たにする覚悟を書いた。少々グチっぽくて恐縮。ガンバロー。

（2003年9月号）

助かってよかった4人の少女

東京・渋谷で、小学6年生の女の子たち4人が行方不明になり、大騒ぎになった頃、少女のひとりが抜け出して助けを求め、赤坂のマンションの一室に監禁されていた他の3人とも無事に救助される事件が、7月に起きた。監禁されていた部屋には、報道によると、とても奇妙な形の自殺をしたらしい29歳の男の姿もあった。少女たちを監禁したのはこの男らしいということで事件は終着した。「助かってよかった」と私は思った。しかしここからきわめて非現実的な現象が始まった。

各テレビ局は一斉に「渋谷」にカメラを持ち出した。道に座っている小・中・高生たちに次々とインタビューをする。「なんで渋谷に来るの?」

わかりきったことを聞いていく。思ったとおり、少女たちは、「楽しいから」と答える。他にどんな答えを期待しているのだろう。小学生の女の子をはっきりターゲットにした店もある。少年・少女を対象に商売をしていて、そこに集まる彼らに「なんで来るの?」と聞いているのである。

映像のこわさ、まざまざ

映像がこわいと思うのは、ここでニュースとして撮影される少年・少女のファッションが、そのまま〝良識ある〟おとなたちにさらされていくことだ。少女たちの顔は隠されていても、逆に言うと隠されているだけになおのこと、彼らのファッションの「ものすごさ」に目を奪われる人は多いだろう。

そして、ふしぎなことに、「子どもがあんなかっこうして、渋谷なんか行くからだよ。親も親だ。なぜあんな繁華街に子どもを出すんだよ」という声が湧いてくる。

事実、そういったおとなの声を耳にしたし、全く別の地方の教員たちでさえ、「(事件に遭遇した）あの女の子たちは茶髪で、すごいファッションをしていて、とても目立つ子たちだったらしいよ」と語りあっていたという。少女たちを知っていたとは思えないのだが。

このムードのなかから、鴻池青少年対策担当大臣の「あの少女たちは被害者か加害者かわからない」という発言も出てきたと、私は思う。この発言は取り消されたけれど、かなりの人たちが「立場上、取り消した」と思っているのではないだろうか。

ハラだちまぎれの感情

あの渋谷の事件を報道にたずさわる者として取材するなら、真っ先にあの部屋で死んでいた男のことを調べるべきだ。あの男がおこなっていたという2千人にも及ぶ少女買春組織の会員を調べるべきだ。会員のなかには医者や弁護士といった〝エリート〟も多く、「小学生の値段が一番高い」という報道もあった。その人たちを、顔にモザイクをかけないでテレビに出してくれと、私はいささか感情的になってしまった。

どんな人も、判決で刑が確定するまでは「無罪」なのだから、顔や本名を明らかにすべきではないと、私は思っている。しかし少年や少女が事件を起こすと必ずと言っていいほど、インターネットなどを通じて、顔写真が流される。同じく今年7月に明らかになった、長崎の幼児殺害の犯人とされて補導された12歳の少年の顔をネットで見たという人が、何人か私のところに電話をしてきたから、流されているのは事実のようだ。

ほんとうにひどいと思う。ハラが立って仕方がない。そしてつい、それなら少女を買っていたという人たちの顔を出しなさいよ、と思ってしまった。このことがこわいと思う。カッカして、つい、相手の土俵に乗ってしまうことが、こわいのだ。

現実と非現実の区別

この渋谷の事件について私は、相次いでいるネットで知りあった若者たちの集団自殺と似たものを感じている。今年に入ってすでに32人がこのやり方で死んだ（03・8・27『毎日』）というが、この渋谷の事件で死んだ29歳は、少女たちを集めて、そのなかで死にたかったのかなと、ふと思ったりした。もちろん死んだ彼に確認できるわけもないが、自殺の具体的な方法があまりにもネット集団自殺の人たちと似ているからである。

事件の性質を考えるのが目的ではない。この事件からはっきり私が確認したことを書きたいのである。

渋谷に小学生を対象にした店があって、その情報が次から次へと発信されているのは現実だ。それを知って、たいくつな学校、家庭にはない「楽しさ」を求めて少年・少女が集まるのも現実だ。その彼らをねらう「悪いおとなたち」がウヨウヨしているのも現実だ。その現実のなかでも、きわめて非現実に見える「まるでテレビドラマみたい」な事件が起きたけれど、この事件も現実だ。

しかし、その対応、あるいは対策に関して、ここから非現実が始まる。まず取材する側は、はっきりと加害者を特定すると取材に時間も金も労力も要るから、もっとも安易な方法として、被害者たちを取材するという「逃げ」をした。この「逃げ」のなかの非現実的な映像を見て、加害者・被害者を見失う発言があった。

さらに「親は何をしている」という、とても空疎なことばが飛び出した。だいたい「渋谷は楽しい町だから、どんどん行ってらっしゃい。お金はいくらでもあげるわ」なんて言う親はいるのだろうか。ほとんどの親は「子どもだけで行ってはダメ」と言っていると思う。

それでもというか、だからというか、子どもたちは行ってみたいのである。誘惑もあるけれど、禁止されればされるほど行ってみたいという気持ちは、昔子どもだった人にも理解できることだろう。

すべて社会が悪いと言っているわけではない。思春期の子どもに対し親の対応を責めることだけでは、それは現実的なことにはならないということを言いたいのである。それでも渋谷に行くという少年・少女を縄で縛って柱にくくりつけろというのなら、それは現実的なことばにはなるが。

はっきりさせたい。あの4人の少女たちは被害者である。もしかしたら死んでいたかもしれない、危険をギリギリですりぬけた少女たちである。「心のケア」を他の事件の被害者にするのなら、この4人にもしなければならない。親もまた、現代を生きる親として、でも苦しいなかを子育てしている人たちだ。

監禁？不明4女児を保護

都内のマンション　室内で男性自殺？

東京都稲城市に住む小学6年の女児4人が13日から家を出たまま行方が分からなくなっていた事件で、4人全員が港区赤坂2丁目にある短期賃貸マンションの一室で保護された。4人にけがはないが、うち2人は衰弱が激しいという。女児がいたのと同室の別の部屋の中で男が死んでおり、警視庁は女児が男に監禁されていた可能性があるとみて関連を調べている。（23面に関係記事）

調べでは、4人が見つかったのはマンションの「インターナショナルプラザ赤坂NO1」11階の1101号室。17日午後0時14分、「手錠をかけられた小学6年の女の子が、助けを求めてきた」と女性から110番通報があった。警察官が駆け付けて4人を保護し、3人を病院に運んだ。4人ともおもちゃの手錠をかけられていた。手錠の一方を、水の入ったプラスチックのタンクにつながれていた女児もいた。

死んでいた男は30歳代とみられ、頭からポリ袋をかぶっており、警視庁は、自殺した可能性があるとみて調べている。男はベッドの上で死んでいた。ベッドの下には練炭があった。4人のうち12歳の女児が部屋を出て、外にいた女性に助けを求めたという。現場は営団地下鉄赤坂駅の南約300㍍。マンションや事務所が立ち並ぶ一角。

4人は稲城市立小学校に通う11～12歳の同級生で、11歳2人と12歳2人。13日午前10時ごろ、それぞれ「近所の体育館に行く」などと言って自宅を出たが、夜になっても帰宅しなかったため家族が捜索願を出していた。4人のうち1人が同級生に「渋谷に行く」と言っていたため、警視庁が渋谷などの繁華街で捜していた。

児童4人が保護された短期賃貸マンション＝17日午後1時すぎ、東京都港区赤坂2丁目で

2003年7月17日　朝日

まちがっちゃいけない。

（2003年10月号）

子どもをイジメる「調査」はやめてくれ

私は中学1年生のとき、教科担任の男の先生に救われた。父の暴力を日常的に受けていた私は「自分はこの世に生まれてきてはいけなかった」という思いを克服できず、死ぬことばかり考えていた。先生の一言、「よう、がんばりゆう（土佐弁。「よくがんばってるな」の意）」に救われた。

この話は講演のたびにしているし、書いてもきた。「青木さんはいい先生に出会えてよかったですね」とか「そんな先生ばかりじゃないでしょう」とか言われる。それはそのとおりだ。このことから私は、学校の先生はみんないい先生だと言っているわけではない。子どもは「親だけ」ではなく、いろいろな人に育てられることを伝えたいのである。

同時に、あまりに広がった教員批判への抵抗の気持ちもあった。どんな分野であれ、いい人もいい人じゃない人もいる。いい、悪いも、人によって変わったりする。子どもの置かれた状況の問題点を、すべて「教師の質」にもっていこうとする、きわめて意図的な流れを感じた頃から、この話に力をこめたこともあった。

　こんな私も、小学校4年生のとき、ある男の先生にとことん嫌われたことがある。あまり書いたことも話したこともないけれど、高知市の小学校でのできごとだ。

こわかった先生

　その先生は県内でも有名な〝学者〟であった。著書もあり、エラい先生だと言われていた。しかし、クラスでは最悪の先生だった。クラスの女の子のうち2人の女の子をとても「気に入った」らしく、その2人をいつも自分の机の前に並んで座らせ、この2人は「席がえ」がなかった。2人とも特に「カワイイ」というのではなかったが、とにかく「おとなしい」女の子たちだった。

　授業中は自分の息子を「天才だ」と言ったりした。「今朝、うちの5歳の子どもが『お父ちゃん、ウンチはなぜ黄色いの？』と聞いた。すごいと思う。なぜ？　と聞くことが学問の始まりだ。うちの子は天才だと思った…」

　こんな話を小学校4年生の子どもたちに長々としゃべる。みんな黙って聞いていたが、私は心のなかで「もう、いいかげんにしてくれ」と思っていた。みんなが黙っていたのはこわかったからだ。授業中に騒いだ男の子を前に立たせ、ズボンを脱がせ、むき出しのおしりをみんなの方に向けさせて叩いた。叩くこともいやだったが、私がこの先生を軽蔑したのは、叩きながら「私は、やることはやります。甘く見てはいけません。やると言ったことはやるのです」と自分の行為をずっと説明していたことである。

このとき叩かれた男の子は中学に入ってからずっと〝荒れた〟。あの屈辱を彼は克服できないのだろうと、中学校も同じだったから時々会ったが、そのたびに思った。

子どもらしくない?

この先生はなぜか私を「目のカタキ」にした。クラスのみんなが私のことを〝支持〟することにハラが立っていたのだろうと思う。長女で、体もみんなより早く大きくなっていた私は、家庭環境もあって、みんなに気配りし、お世話する子どもであった。先生を恐れるクラスメートは私の方に寄ってきた。休み時間はみんなをひきつれて運動場に飛び出していた。

そういう私にこの先生がしたことは、通知表を3学期間すべて4にしたことであった。運動が苦手で跳び箱も跳べない私が、5段の跳び箱をゆうゆうと跳ぶ子が3なのに、4であった。すべて100点をとった国語も、70点のひいきの女の子が5なのに私は4であった。私はそれを見て、「この先生は私をまったく〝評価しない〟ということだな」と、子ども心に思った。

忘れられないのは「性格・行動」というところに書いてあったことばだ。「万事、おとなびている。子どもらしくない」——。これだけだった。

昨年、文部科学省が、今年の夏、東京都教委が実施した「学習障害などの実態調査」の項目を見た。私は自分の体験をすぐ思い出した。

この調査にはいくつかの批判の声もあがっている。都内のいくつかの学校では「人権侵害の恐れがある」として実施していないともいう（03・8・12『毎日』）。

たしかに、「聞き間違いがある（「知った」を「行った」と聞き間違える）」とか、「聞きもらしがある」とか、「ことばにつまったりする」など、私もしょっちゅうある。これを0から3までの段階で個々の生徒のことを判定するなど、とてもむつかしいだろう。

人権侵害以前の問題

さらに、疑問を通り越して怒りがこみあげてくるのは次の調査項目である。

「おとなびている。ませている」「友だちと仲よくしたいという気持ちはあるけれど、友だち関係をうまく築けない」「仲のよい友人がいない」「他の子どもたちから、いじめられることがある」――。

これらはみんな子どもに責任があることなのだろうか。何よりも、子どもたちにとって「よくない」ことなのだろうか。子どもの現実を、子どもに責任転嫁し、さらにそれを「障害」として判定する、この〝専門性〟とはいったい何なのか。私にはさっぱりわからない。これらの項目で子どもの何を〝病気〟〝障害〟として明らかにするつもりなのか、さっぱりわからない。「人権侵害」という以前に、この調査の客観性がわからないのである。

これらのことを我が子の身に起きないように育てるには、親はいったい何ができるだろう。先述の項目をクリアする子に育てるには「いつも子どもらしく、元気で、お友だちがいっぱいいいて、特に〝仲よし〟もいて、いじめにあわないように、気配りしながら上手に生きる」子にするしかない。しかし、それは無理だ。絶対に無理だ。

「お友だちがいっぱいいる」子になるためには、慎重な気配りとガマン強さが必要になる。その気配りとガマン強さは「子どもらしく」あることと矛盾するのである。

4年生のとき先生から「子どもらしくない」と書かれたことは、私にとって生涯のキズになっている。「子どもらしく」存在できなかった自分の育ちを思い出させることばとして、心のなかに響き続けている。

おとなが何をエラそうに調査するというのか。その前にやってほしいこと、山ほどあるというのに。

（2003年11月号）

学校で聴く、子どもの声

東京近郊のある町の公立小学校の先生の話――。

「有名私立中学を受験する男の子がとても荒れているんです。幼いときからずっと勉強ばかりだったのですから、疲れても無理はないし、ストレスもたまっているのでしょうね。この秋になってから特に、クラスの他の生徒に殴りかかる、からかう、授業中大声でわめく…。どうしていいか困ってしまって、親を呼んだんです。注意するというより、家庭ではどうなのか知りたかったたし。そして、学校でのことを話しました。他の子どもたちもとてもこわがったりしていて、困っているのだと。そしたらそのお母さん、何と言ったと思います？」

見守ってくれ？

私は、「『うちの子に限って』ですか？」と言いました。何度も聞いた話だから。

するとと先生は頭をふって「いいえ、それなら何もいまさら青木さんに話そうなんて思いません」と言う。

「あのね、こう言ったんですよ。『先生、うちの子、いまが勝負のときなんです。クラスのみんなもいま、ちょっとだけ、うちの子を見守ってやってくれませんか』って」

私はポカンとしてしまった。一瞬意味がわからなかった。先生がさらに言った。

「つまり、うちの子は受験直前でとても大変なのだ、少々の暴力や奇声は子どもなのだから、見守ってやってほしい、もう少しのしんぼうだからって言うんですよ」

「じゃあ、家のなかでもその子は暴れるんですね」と問うと、「そうらしいです。お母さんはそれもじっと耐えているらしいんですよ」と先生。

「家で耐えるのもおかしいけど、学校でみんなでその子を見守ってくれっていう論法もおかしいよねえ。でも、ことばだけとり出したら〝クラス全体でその子を暖かく見守る〟ってことになりそう。メチャメチャおかしいですねえ」と私。

するとと40代のこの女の先生は身を乗り出して、こう言った。

「ああ、やっぱり話してよかった。この話、おかしい話ですよねえ」

私が強くうなずくと、笑って言う。

「学校外の友人たちに話したりしたんですが、ほとんどの人が、そのお母さんの気持ちの方がわかる、見守ってやれって言うんです。私、わけがわからなくなってしまって…」

苦しんでいるのは子ども

私は、思ったとおりを語った。

「いま現在、その小学6年生の男の子が苦しんでいるのは事実ですよねえ。難関中の難関といわれるA中学を受けるのだから、ストレスもいっぱいだよねえ。問題は、まだ12歳にしかならない子どもが、ここで失敗したら〝すべてが終わる〟といった思いをさせられている点でしょう？　しかも何年間にもわたって、ほとんど遊ぶ自由もないまま、勉強漬けできたのでしょう？

その苦しさを彼はどう処理していいかわからず、わからなくてあたりまえだけど、イライラして、クラスメートにぶつけ、担任の先生に出しているんですよねえ。

それ、見守っちゃいけないんじゃないですか。親御さんともっともっと話して、ちょっとその子を休ませないといけないんじゃないですか。ましてや、クラスの他の子にもガマンをさせて彼をちょっとの間だから見守ってやってくれなんて言ってはいけないんじゃないですか。彼の苦しみを先生がクラスの子に話して、それを知った子どもたちが自分たちの意思で彼を励ますのなら別ですが、こんなとき、子どもたちは励ましたりしませんよ。おとなよりずっと厳しいですよ」

先生はうなずきながら聞いていたが、ため息まじりで言った。

「そうですよね。一番苦しいのは子どもたちですよね。でも、それをその子の親にわかってもらうの、全然自信ないです。荒れているその子をめぐって他の子の親たちも騒ぎ始めているので、どうしたらいいものかと…」

私も黙ってしまった。受験まであと数か月もない。その間に当の子ども、親と話しあい、理解しあうなんて、現実にはとても難しいだろう。しかし、その子の〝荒れ〟は、その子の「悲鳴」でもあろう。何とか受けとめられないものだろうか。

しばらくして、その先生は言った。

「あの子に向いて」

「私、今日、話してよかったです。何だかわからなくなりかかってたんです。あまりの忙しさと、あっちにもこっちにもいいように結果を出さねばと思ってしまって…。大事なこと見失ってました。ああ、ほんと、私、ダメだなあ…。子どもが第一なんですよねえ。学校だもの、教室だもの、親や同僚の先生たちの立場より子どもの気持ちが一番ですよねえ。わかりました。時間はないけど、とりあえず明日から、あの子に向いて考えてみます。クラスの他の子どものこともあるけど、いまは、あの荒れている子に向かってしゃべってみます」

先生と別れての帰り道、私は考え込んでしまった。ここまで「わからなくなって」いるのだと。先生が、ではない。もちろん先生も毎日追い立てられる仕事のなかで見失っていたものもあった。それは本人がそう言っている。私が「ここまで」と思ったのは、子どもに受験をさせる親の方のことだ。

この親という人、学校というものがまったく頭に入っていないらしい。おそらく彼女（父親の存在は見えない、と先生は言う）の一番大切なことは子どもが目的の中学校に合格することだ。子どもよりも、合格が大切なことになっているということだ。おそらく学校は、行かなければならないところだから行かせているだけ(まさに義務教育だから)だろう。「義務」でなければ塾と家庭教師（何と3人もつけているという）だけあればいいのだろう。

それだけになお、この子にとって学校があってよかったと思う。いま、子どもの声が届くはずのところとして、虐待の場合は児童相談所などがある。ほぼ同じ意味で学校もまた、子どもの胸の底深くかくされた泣き声を聴きとるはずのところになっている。きちんと聴きとることができているかは別として…。

先生と話してから1か月。何も言ってこないのは大丈夫ということと思いながらも、明日あたりこっちから連絡してみようかと思っている。

（２００３年12月号）

親にされたことをする？

「忍耐力がない」（２歳半の男の子に対して親の言ったこと）、「本人がしたいことを見つけるまでは英才教育は必要」（５歳の女の子に対し）、「からだ全部で甘えてくる、それがうざったくてがまんできない」（３歳の男の子に対し）、「夫がきれい好きでオモチャを全部消毒する、すると子どもが泣く、それがうるさい」（２歳の女の子に対し）、「独りで寝させているがいまだにぬいぐるみが離せない」（３歳半の男の子に）――こんなことばを聞きながら、ここ数年過ごしている。

それぞれに対し、「２歳半で忍耐力があるとはどういうことを意味するのでしょうか」「英才教育って何ですか？」「子どものからだをうざったいと思うのはあなた自身が疲れているのではありませんか？」「オモチャを毎日消毒する夫さんの方にストレスがあるのでは？」「３歳の子が独りで寝ているのです。エライなあと私なんかは思います。ぬいぐるみなんて30歳になっても抱いて寝ている人、いますよ」などと答える。

「答える」と表現しながら、実はちっとも「答え」になっていないではないかとも思う。また、「答え」が必要でこんなことを言ってくる人が多いのかどうかもわからない。話せば気がすむのかもしれないと思うこともある。

子どもの気持ちは？

こんなとき私はいつも、その話のなかに出てくる、あるいは目の前にいるその子どもの気持ちの方を考える。2歳半の子の〝忍耐〟は感情を抑圧することに過ぎないのではないかとか、5歳で〝英才教育〟なんてやられたらたまんないだろうなとか、甘えてお母さんに抱きついたらうるさいと叱られてもさみしいよねとか、考えてしまう。

こういう私の考え方をはっきり批判されたこともある。「甘い」「しつけというものを一切無視している」と。そのときは反論した。

「子どもがやさしい気持ちとか、人を信頼する気持ちを抱くことができるのは、自分がたっぷりやさしくされた経験をもっているときです。どうして2、3歳の子どもに甘くしてはいけないんですか？　抱きしめること、泣いたらなぐさめて背中をさすってやること、それが甘いことになるのでしょうか。しつけって何ですか？　私はもう何年も〝しつけ〟

ということばは使わないようにしています。〝生きるための技術を教える行為〟と表現します。おとなが子どもにちょっと勝る力があるとすれば、水道の栓の開け方とか、野菜の切り方とかぐらいの技術だけですよ」と。

だいたいの人は、おそらくは自分の思いは別としても、納得したような表情を見せてくれた。

このごろ、「甘えてくる子がうざったい」と言う人に、ちょっとちがう〝答え〟をするようになった。私の意見を言う前に、まず、「あなたにも子どものころ、お母さんに〝うるさい〟と言われたことがあったのでは？」と聞く。

何となくめんどうくさそうに語っていた人が、ハッとする。そして「そうです。そう、そうです。私も母にいつもまとわりついてうるさい子だったと言われ続けてきました」と言う。

ハッとしたあと、ことばもないまま涙をドッとあふれさせて、そのままうつむいて泣き出す人もいた。その女性は、「私、『世の中は甘くない、甘えてたら負けてしまう、甘ったれるんじゃない、男の子だろう』と、3歳の子どもに、口には出さなくても心のなかでずっと思っていました。でも、それって、私の2歳上の兄が父母から言われ続けていたことばです。私にも甘ったれるなと言い続ける親でしたから…。私、自分の親に言われたことをそのままわが子に言ってたわけですね…」と言った。

さらに、その人の2歳上の兄は、がんばってがんばって優等生を通したが、複雑な家庭に育った年上の女性と結婚すると言い、両親の猛反対にあって、親とは縁を切ったこと、父親の葬儀にも顔を出さなかったことなどを聞いた。

「甘くない」親なのに

確かに、この兄と妹は「甘くない」世の中を生きている。しかし、「世の中は甘くない」と注意する親や教員（おとな）自体が「甘くない世の中」の代表であることに気づいていることは少ない。自分は「お前のことを心配しているから言うのだ」、つまり「愛のムチなのだ」と思っていることが多い。

私は「愛のムチ」など存在しないと思っているが、百歩譲っても、ムチをふるっている人自身が言ってはいけないことばだと思っている。ムチをふるわれた人が、あとになって、「ああ、あれが愛のムチだったのだ」と思うことはあっても、しつけと称して子どもを殴ったりする人が「これは愛のムチだ」と言うのはおかしいと思う。愛とは、他が感じるものであって、本人が口にしたときはすぐ「おしつけ」になってしまうものだから。

まだ、〝赤ちゃん〟といってもいいような幼い子どもに、とても厳しい対応をする（あるいはしなければならないと思いこまされている）人が増えている。5歳の男の子が後ろから抱きついてきて、お母さんの腰に顔を押しつけたことを「キモい」と表現した人もいる。はじめはびっくりして、私はきまじめにもその表現されたものだけを相手に話しあってきた。しかし、だんだんと語りあううちに、そういう表現の後ろに、その人の生い立ちがチラホラと見えてきたのである。

いま子育て真っ最中の30代半ばから40代はじめぐらいの人たちは、1965年前後に生まれ、高度経済成長の時代に育った人が多い。

そのことは「モノが豊かななかで育ってワガママ」なのではなく、「モノと学歴に異様なほどの価値を見出した親たちに育てられた」、または「金持ちになるためにいい学校に入れ、というシステムのなかで育った」人たちなのではあるまいか。実際にはガンバレ、ガンバレとおしりをたたかれ、そこから「落ちこぼれ」た人を〝支え〟に生きた部分もあっただろう。

自分がどんな時代に生まれ、育ったのか、それをできるだけ客観視する努力をしないと、知らないうちにわが子を責めたてることにもなる。そして、「わが子が落ちこぼれたら大変」と思うことは〝愛〟ではなく、〝差別〟のなかで生きるノウハウを伝えることだ。それは差別を助長することになると思う。

（２００４年１月号）

「生き場」を創る人たち

いま、幼い子どものそばで働いている人たちは、ある共通の悩みを抱えているように見える。子どもの問題だけでは済まない、つまりその子の親の生き方、人生まで相談に乗らなければならないということだ。

保育士とか教員とかは昔からそうだったという言い方もあろうが、いまの状況がつらいのは、親の相談があまりに深刻で、その人よりちょっと年齢が上とか（あるいは保育士の場合は親より年下ということは多々ある）、ちょっと子育て経験があるぐらいでは太刀打ちできないという点だ。

A子さんは18歳で子どもを産んだ。夫は20歳。「いっしょにいると楽しかった」から結婚し、「届け」も出した。しかし子どもを産む前後から夫は家に帰らなくなり、借金取りが訪ねて来るようになった。A子さんは実家に「逃げ」て出産したが、そこにも借金取りは来る。また、A子さんは幼い頃から実の親たちに「かわいがられた思いがまったくない」。

親元にもいられなくなった。

子どもへの虐待から

いま、夫とは離婚し、女の子を保育園に預けながら、自らの体を切り刻むような仕事をして、生きている。まだ22歳だ。

このA子さんの子どもに小さなやけどのあとや、ちょっとしたアザがあることに気づいた保育士のB子さんは、思い切ってA子さんを訪ねて話を聞いた。「身内以外の人から、その人の方から訪ねてくれて、私の話を聴いてくれた人は初めて」と、A子さんは言ったという。そして、今までのことを少しずつ語った。

その細かいことをこれ以上は書けないが、B子さんは親身になって話を聴き続けた。私はこの話をはじめはA子さんの側から聞き、のちにB子さんに確認したのである。

A子さんは「初めて聴いてくれる人」に出会ってうれしかった。親にも夫にも言えなかったことを全部しゃべった――しかし、ここからA子さんの、B子さんへの過大な甘え、依存ともいっていいような感情の傾斜が始まった。

とりあえずA子さんの子どもへの虐待はやめさせることができた。A子さんの苦しみを一身に引き受けていたこの子どもは、保育園でB子さんにしがみつき、しばらくは離れることもせず後追いばかりしていたらしいが、そのうち、元気に他の子と遊びはじめた。食事もやっと決まった時間に栄養を吟味したものを摂れるようになり、体も伸びていった。

問題はA子さんだ。B子さんの携帯電話に「いまから死ぬ」と電話が入る。はじめはびっくりして駆けつけていたB子さんだったが、何度も重なるうちに、自分を呼び寄せるためのウソだったことに気づく。しかし毎回、「今日は本気かもしれない。1回だけの本気をいままでがウソだったからと無視して、ほんとに死んでしまったらとり返しがつかない。私にはサインを出してくれているのに…」と考え、駆けつけることを続けた。

「死ぬ」というサイン

私も中学生や高校生に、何度かこんな「サイン」を出された経験がある。「私は○月×日△時に死にます。親にも先生にも決して言わないでください。青木さん、いろいろ話を聴いてくれてありがとう。出会えてよかったです」などという、手紙や電話をもらうのである。そして私もB子さん同様、オロオロと「騙され」続けてきた。

ただ、私の場合はその中・高生と住んでいる街も離れていることが多かったし、何より日常の関係そのものが薄いものであった。B子さんの場合は毎日のつきあいがあり、しかも放置すれば「ほんとうに死んでしまう」幼い子どもをなかに置いての、いわばのっぴきならない関係のなかのことである。私とは比較にならない深刻さである。

B子さんにも個人の生活がある。そこにまでA子さんは自分の感情をもち込む。私から見れば、夫と2人の子どもに支えられて保育士の仕事を続けるB子さんの生活そのものが、A子さんにとって「うらやましくてたまらない」ものだったのだろう。B子さんの家族がもっとも楽しく思える時期を見計らったように、「死ぬ」というサインを届けるようになっていった。

B子さんもつらかったと思う。しかし、私がB子さんを心からエライなあと思ったのは、A子さんの苦しみを自分ひとりで抱えようとしなかったことだ。もちろんA子さんの生い立ちやいまの感情を他の人にペラベラしゃべることはできないが、まずA子さんのまわりにカウンセラーや、特に専門家でもない近所のおばさん（私もそのなかのひとり）たちを集めていった。それぞれの個人が、A子さんと話した。そのなかにはA子さんを叱り、「もう、あなたはダメ！」と言い切る人もいた。それをまた「そんなこと誰にも言う資格はないわ」と止める人もいた。

たくさんの人のなかで

B子さんは、そういう状況を、自分は裏方に徹しながら、A子さんのまわりにつくり、A子さんの子どもをしっかりと見つめ続けていた。

「裏方に徹しながら」というのは私がそう思ったということである。大声でみんなに打ち明けたり相談したわけでもないのに、いつのまにかB子さんの友人たちがA子さんのまわりに集まっていたのである。つまり、B子さんはA子さんを保育士と親の関係からちょっとスライドさせて、幅広い意味での「友だち」の関係に移したのである。

まだ、ドラマチックな「解決」を見たわけではない。A子さんの感情の揺れは時折すさまじくなる。特に、自分の親への恨みを語りはじめると、近くに刃物でもあれば大事件になったかもしれないほどの「さわぎ」もおこす。

しかし、ほんとにゆっくりではあるが、A子さんは自分の感情を子どもを殴る方法ではなく、まわりの「友人」に語ることで表現するようになっている。私のところにも時々「忙しいんでしょ。ごめんね」と何度も気配り語をはさみながら電話してくる。そのたびに「うん、忙しいけど、あなたと話す時間ぐらいはあるよ」と10分ほどしゃべる。その話のなかに、自分の親への恨みが減って、もうすぐ4歳になるわが子の様子が増えてきた。

こんなふうに生きているB子さんのような人のことを、どう伝えていけばいいのか考え続けている。A子さんのプライバシーをぎりぎり守りながら、でもB子さんのことを伝えたい。保育士、教員、すごい仕事だ。

（2004年2・3月号）

焼けつくような「親」への思い

ここ1か月間、しばらく忘れていた不眠に苦しんでいる。全く眠れないわけではないが、ほとんど1時間おきに時計を見ているから、熟睡できていないのだろう。ウトウトする状態のまま5～6時間寝ていて、起きなければならない時間になって、布団からまるでからだをはがすように起きる。

かかりつけの医者に薬をもらおうかと思う一方で、不眠の原因はわかっている、という気持ちもある。眠れなくなったのは1月末、大阪・岸和田市で明るみに出た、15歳の少年に対する虐待事件の報道に接してからだ。

1月26日の朝日新聞の見出しのみ書いてみる。「食事抜き3カ月、15歳昏睡　殺人未遂容疑・父と継母逮捕　体重半減24キロ　大阪・岸和田」――。少年は去年11月に「意識不明」で保護されたが、「腰や足には床ずれもできており、低血糖症などによる昏睡状態がいまも続いている」という。要するに食べ物を与えられていないから、脳にも栄養が届かず、死の寸前状態で〝保護〟されたということのようだ。

少年はどんな思いで？

事件そのものもショックだった。この少年は動けなくなったまま、どんな思いで天井を見つめていたのだろう…などと考えはじめると、胸がドキドキしてきて、私は涙をポロポロこぼした。

しかし、眠れなくなったのは、事件を報道するマスコミのとり上げ方、それを見た人たちからの講演会等での質問に接してからである。「鬼のような母」「やっぱり継母だから」「なぜ近所の人は助けられなかったのか」「児童相談所は何してた」「学校や教員はどう対応したのだ」等々、相変わらずのテレビ裁判が始まった。

その報道をうのみにした人たちからの質問に「継母だからって言いますが、虐待をしている人の6割は実母ですよ」とか、「近所の人、児童相談所の人、学校関係者らは、いま、みんな心からつらい思いをしていますよ。なぜ助けられなかった、と自分を責めている人がいっぱいいるはずです。そういう人が発言できないじゃないですか、この状態では…」などと自分の意見を言う。自分のことばにどこか現実感のない気もしてしまうけれど。

なぜ逃げられなかったか

なかでも私を打ちのめしたのは次のことばだった。

「あの少年は中学生にもなっているんですよ。どうして逃げられなかったのでしょうか」

たしかに「救うことのできなかった」理由の1つに、このことがあると思う。幼児ではなかったから、しかも時々は学校の先生が声をかけてもいたというし、事実、弟と一緒に逃げたこともあったという。だから、「逃げられなかったのはなぜ?」という質問になるのだろうが、この質問をストレートに、たくさんの人の前でいわば堂々とするおとながたくさんいることに、私はガッカリしてしまうのである。

このことばは「いじめ」の取材のなかでたくさん聞いた。「あそこまでやられてなぜイヤだと言えないのでしょう。いじめられる子にも弱いところがあるのでは?」などのことばに、短い時間で説明することの困難さと、自分の力のなさにガッカリしてきた。今回の虐待事件に発せられた「なぜ逃げなかった?」という質問には、「いじめ」の場合よりも真剣な感情があるように見えるが、子どもの気持ちをちっともわかろうとしないおとなという点では同じだ、と私は思う。ああ、ちっともわかっていない。ということはこれからもこんな事件が続くのだ、そう思うから私は眠れなくなってしまう。

食べ物を満足に与えてもらえないなかでもそのことを隠し、ときには逃げるけれどもまた帰ってきて、ひもじいけれどもそうじゃないふりをしながら、とうとう動けなくなってしまった——あの少年の気持ち、私は想像する。あの少年は、自分の置かれたところを「現実」だと思いたくなかったのではあるまいか。

あんな冷たい、いじわるな女を、しかし自分の実の父は選んだ、この父と女は、しかし、やっぱり、自分の親だ、この人たちを否定したら、自分の存在も否定しなければいけない、がまんしていたら、いつかきっとわかってくれる、逃げたらまた実母と弟がつらい思いをする、自分は長男だ、耐えなければ…耐えていたら、いつかきっと、自分の親が変わってくれる、そうでなければ耐えている自分の意味がなくなる——。

「親を憎んでもいい」と

実際にあの少年がそう考えたかどうか、もちろんわからない。これは実際に中学生になっても虐待を受け続けていた男の子のことばを借りて想像したものだ。さらに、中学生、高校生になっても父から暴力を受け、それをどこにも語らなかった自分の気持ちも加えた。

その頃の自分の胸のなかには、まさに焼けつくような「親」への思いがあった。「やさしい親であってほしい」「殴らない親の子に生まれたかった」「耐えていたらいつか殴らない親になってくれるのではないか」「私にだってやさしい親の気持ちを味わう権利はあるはずだ」などの思いが、頭のなかをグルグルまわっていた。

〝かけがえのない親〟と思うから、そう思えば思うほど、その〝親〟の醜悪な部分を認めたくない、親の悪いところを自分の手で直したいと考えてしまっていた。そんな〝親〟をかばうことなどいらないなどということばは、それまでに聞いたことがなかった。「親は親」「やっぱり血のつながりはかけがえのないもの」などのことばばっかりが、当時の私のなかにはあった。

これらの思いを短い時間に誤解されないように語るのはとても難しい。だからいつも「なぜ逃げられなかったか」ではなく、子どもに「逃げられない」と思わせているところを問題にしたいなどと語る。

苦しいときは苦しいと叫んでいい、つらいときはつらいと、相手が親でも先生でも兄でも姉でも誰でも、イヤなことはイヤ、とまず叫んでいいのだという「教育」が必要だ。特に相手が親のとき、「親を憎んではいけない」という幼いときからの〝教え〟が子どもを苦しみに放り込むことが多い。

「親」を、いい親かどうか見抜いてもかまわないこと、そして見抜く力をつけたいと、子どもたちにどう伝えればいいのか、眠れないまま私はじっと空間を見つめる。

（２００４年４月号）

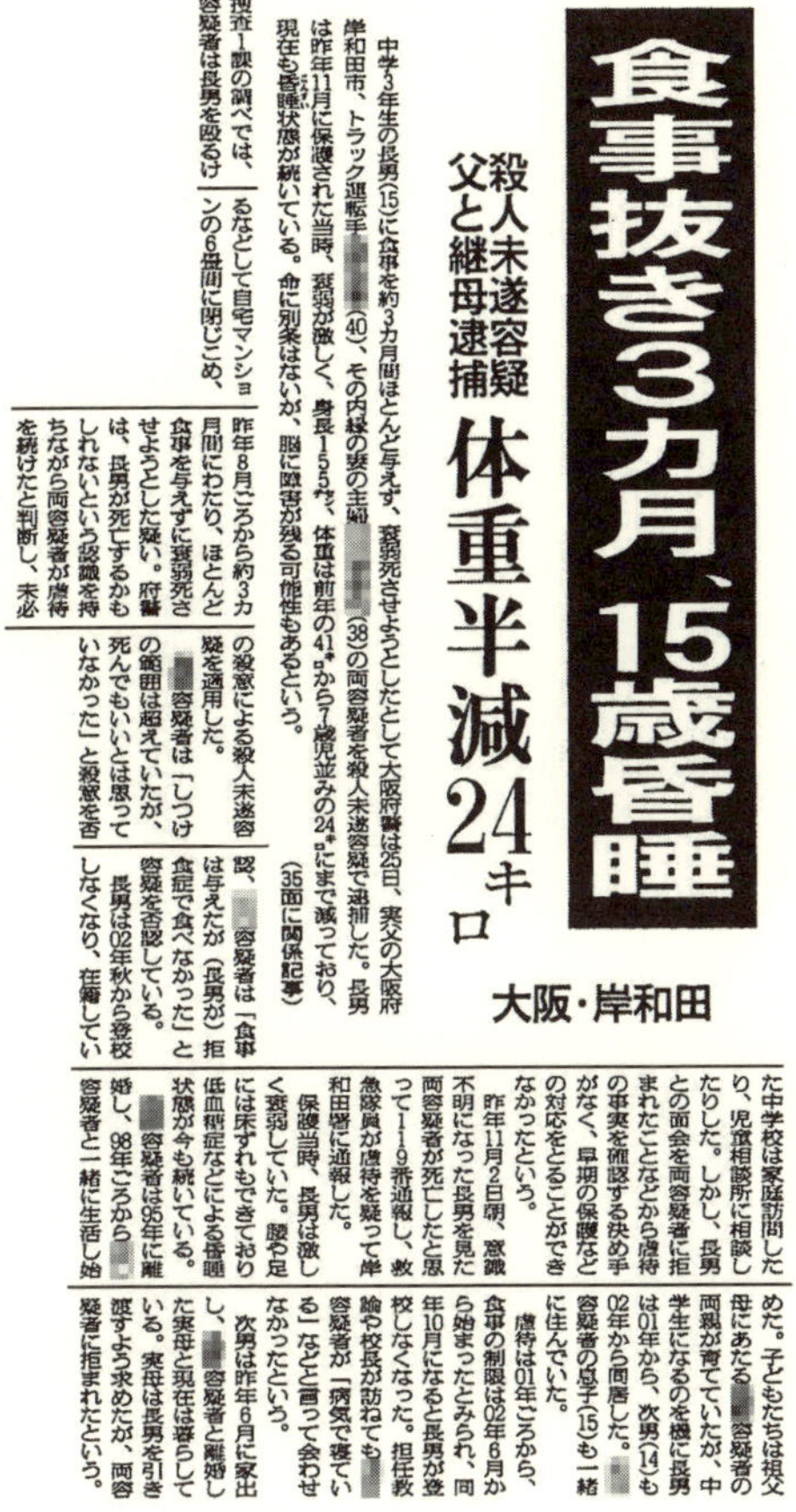

食事抜き3カ月、15歳昏睡

殺人未遂容疑 父と継母逮捕　体重半減24キロ

大阪・岸和田

中学3年生の長男(15)に食事を約3カ月間ほとんど与えず、衰弱死させようとしたとして大阪府警は25日、実父の大阪府岸和田市、トラック運転手[redacted](40)、その内縁の妻の主婦[redacted](38)の両容疑者を殺人未遂容疑で逮捕した。長男は昨年11月に保護された当時、衰弱が激しく、身長155センチ、体重は前年の41キロから7歳児並みの24キロにまで減っており、現在も昏睡《こんすい》状態が続いている。命に別条はないが、脳に障害が残る可能性もあるという。

（35面に関係記事）

捜査1課の調べでは、両容疑者は長男を殴るけるなどして自宅マンションの6畳間に閉じこめ、昨年8月ごろから約3カ月間にわたり、ほとんど食事を与えずに衰弱死させようとした疑い。府警は、長男が死亡するかもしれないという認識を持ちながら両容疑者が虐待を続けたと判断し、未必の殺意による殺人未遂容疑を適用した。

[redacted]容疑者は「しつけの範囲は超えていたが、死んでもいいとは思っていなかった」と殺意を否認、[redacted]容疑者は「食事は与えたが（長男が）拒食症で食べなかった」と容疑を否認している。

長男は02年秋から登校しなくなり、在籍していた中学校は家庭訪問したり、児童相談所に相談したりした。しかし、長男との面会を両容疑者に拒まれたことなどから虐待の事実を確認する決め手がなく、早期の保護などの対応をとることができなかったという。

昨年11月2日朝、意識不明になった長男を見た両容疑者が死亡したと思って119番通報し、救急隊員が虐待を疑って岸和田署に通報した。

保護当時、長男は激しく衰弱していた。腰や足には床ずれもできており低血糖症などによる昏睡状態が今も続いている。

[redacted]容疑者は95年に離婚し、98年ごろから[redacted]容疑者と一緒に生活し始めた。子どもたちは祖父母にあたる[redacted]容疑者の両親が育てていたが、中学生になるのを機に長男は01年から、次男(14)も02年から同居した。[redacted]容疑者の息子(15)も一緒に住んでいた。

虐待は01年ごろから、食事の制限は02年6月から始まったとみられ、同年10月になると長男が登校しなくなった。担任教諭や校長が訪ねても[redacted]容疑者が「病気で寝ている」などと言って会わせなかったという。

次男は昨年6月に家出し、[redacted]容疑者と離婚した実母と現在は暮らしている。実母は長男を引き渡すよう求めたが、両容疑者に拒まれたという。

2004年1月26日　朝日

鈴木祥蔵さんの手紙に励まされ

4年ぶりに新しい本（『泣いていいんだよ――母と子の封印された感情』けやき出版刊）を出した。待っていてもラチがあかないと思った編集者が雑誌に書いた私の原稿をひろい集めてくれて、それに書き下ろしを加えたものだ。一応ジャーナリストなどと名乗っている私としては、取材したものを書き下ろしにしたいという思いも強かった。しかし、教育基本法改悪への流れが強いいま、そんなこと言ってられない、とにかく「教育基本法を変えてはいけない」という文言がより多くの人に届くのであれば、そのチャンスは生かさなければ――という焦りに後押しされたのも事実である。

たくさんの人たちからさまざまな反応が届いている。なかでも、きっと不自由なおからだで、震える手で書いてくださったと思われる封書を受け取ったときは、思わずからだがシャンと伸びた。鈴木祥蔵さんからのお手紙である。

個人的な手紙の内容をここに書くつもりはもちろんないけれど、鈴木さんご夫妻に文字どおり助けられた思いを書かせてもらおうと思う。「子どものまわりを歩きつづけていま、思うこと」のひとつとして。

はじめて本を出したのはいまから20年前の1983年、37歳のときだ。横浜でホームレスの人たちが少年たちに襲われるという事件があり、まったく偶然にも取材をすることになった。マスコミはものすごい取材をしていた。記者の人数も取材にかける時間も多かった。

やがて各メディアは「教育の荒廃」ということばを使い始めた。子どもがおかしくなっている、いじめのなかでハドメを失った、教師の質が落ちた等々、全体として学校・家庭が悪いとされた。事件の年の終わり頃には当時の首相・中曽根によって臨時教育審議会がつくられた。この中曽根の〝悲願〟は教育基本法をつぶすことなのである。『婦人民主新聞』（いまは、『ふぇみん』）の記者であった私は仕事を終えてから取材に出かけたりした。当時6歳だった息子を連れて事件現場を歩くこともあった。

自信はなかった

わけがわからない思いを抱えていた。なぜこの人たちが殺されなければならなかったのか、なぜ少年たちは人を殺しておいて「おもしろかった」と表現できるのか、人を襲うことも、ときには殺すことすらも、あまり「悪いこと」と思っていないように感じられるのはなぜなのか等々、自分のいままでの歴史のなかでは見たこともない現実が目の前にあって、私は混乱していた。

その混乱をどう表現していけばいいのか、記事にまとめるときは苦しんだ。本にまとめるときはさらに苦しんだ。少年たちの現実、野宿する人の生活とその横を通り抜ける街の人との生活の、あまりにも大きくなった距離、それをいままでのことばで表現するのは困難だった。

たとえば、逮捕された少年たちはしきりにホームレスのことを「くさい」と言った。「くさいことは許せない」とも言った。それをそのまま「人間をくさいと言うのは許されないことだ」と表現しても、私が現場で得た思いは伝わらないと思った。だから考えて考えて、「人間の営みから生まれるにおいをクサイと表現してしまう子どもたち」とか、「いいにおいというのは人工の香料の入った洗剤とかを指す」とか、沈丁花をバスクリンの花と主張する息子のことばとかから表現した。

自信はまったくなかった。こんな具体的な表現ではダメではないかと思っていた。なぜこんなに自分の実感にこだわるのか、実感にひっかかるということは表現力がないのではあるまいかなど迷っていた。自分の実感以外に「正しい表現方法」などあるはずもないのだが、自信がないということは実感を信じられないということでもあった。

豊かな自然のなかで

そんな迷いのなかでまとめたのが『人間をさがす旅』（民衆社刊）だった。中学生対象の本だったが、思いがけずたくさんの人に読んでもらえた。それはうれしいことだったが、自信を補うものではなかった。

その頃、ある雑誌に鈴木祥蔵さんがこの本を書評でとり上げてくれた。その評のなかに1行「この著者は、おそらく豊かな自然のなかで育った人だろう」という文があった。ハッとした。そう、まさに私は豊かな自然のなかで育った。四万十川という大河の下流の街の、川のすぐ縁の家に生まれ、四季はすべて川といっしょにあった。

私が季節のなかで一番好きなのは春のはじめと夏の終わりと秋のはじめである。「一番」というわりにいくつも季節をあげてしまったが、みんな、かすかな変化を示す季節だ。

まだ寒いのにまっ白く光るネコヤナギの芽、炎暑の夕焼けの下にツンとつぼみを立て、やがて咲きはじめる彼岸花、いつのまにか壮大な夕暮れを見せはじめた太陽など、すべて四万十川から得た実感である。

私はこんなに実感をもらっていたのに、家庭的にはしあわせではなかったから、幼い日のことを「何もなかった時間」と、どこかでとらえていた。思い出したくもなかった。もちろんこの頃は自分の生い立ちを他人に語ってはいなかった。

人が助けられるとき

そんな私に鈴木祥蔵さんのことばは、干からびた砂にしみこむ水のようだった。これはすごいほめことばだと思った。私は本のなかで、都会の雑踏のなかでホコリまみれになった人間を、それでも人間は人間だと言いたかったのだが、それに気づき得たのは私が豊かな自然のなかで育ったからだと言ってくれている。まったくのひとりよがりだろうが、そう思った。そして、私には保護してくれるやさしい家庭のイメージは体験としてとても少なかったが、あの豊かな、奥の深い自然は、私を十分保護してくれていたのだと思うことができた。うれしかった。

あの鈴木祥威さんが病に倒れられて、でもそれを乗り越えて、震える手でまたこうして手紙をくださった――、がんばらねばと思った。いつも大事なときに励ましてくれる。

『はらっぱ』4月号に、『鈴木祥蔵先生と行くスタディツアー　保育思想の源流をたずねて』のお知らせが載っていた。近くに住んでいれば参加してみたいと心から思った。

おつれあいの昭子さんには婦人民主クラブでいっぱいお世話になっている。面と向かったら照れくさくて言えないから貴重な誌面を借りて、こんなに助けられている人もいることを伝えたかった。ありがとうございます。

（2004年5月号）

「いじめ」を産んだ小泉発言

今年4月15日、イラクで「人質」にされていた高遠菜穂子さん、今井紀明さん、郡山総一郎さんの3人が「解放」された。いつもはつけないテレビを一日中つけて、「解放」の報道を待っていた私も心からホッとした。解放直後の3人の様子がテレビに映った。高遠さんは「どうしてもイラク人をきらいになれない」と言い、郡山さんは「イラクに残りたい」という意味のことを口にしていた（私はこれをいま、記憶で書いている。正確ではないかもしれない）。

そして翌4月16日午前中だったと思うが、小泉首相が記者のマイクに向かって、つぶやくように言った。「どうしてあんなこと言えるのだろう。たくさんの人に迷惑かけて…」

ここから日本中で奇妙なバッシングが始まった。わけのわからない「自己責任」なることばが広がり、3人の家族に対するいやがらせ、脅迫など、思い出しても胸が痛くなるような状況が始まった。

つぶやくように言う

私は、16日の午前中たまたま小泉首相のインタビューをテレビで見ていた。そして、その言い方に、ハッとした。あ、これ、いじめのパターンだ、ここからいじめが始まる、おそらく日本中という広さでいじめが始まる、と。そばにいた家族に「これ、よく覚えておいて、この言い方、このつぶやくような、ボソボソとした言い方。これがいじめの出発点だからね」と言った。

その後、3人及びその家族への理由のないバッシングは、諸外国から「日本はおかしい」と言われるまで激しくつづいた。それを見ていた私の家族が、「なぜ、あの日の小泉首相の言い方でいじめが始まると思ったの？」と問うてきた。

私はもう20年以上にわたって、子どもたちの「いじめ」を取材し、考えてきた。「いじめ」の実際の姿は千差万別で、まとめるのはとても困難だ。ただ、長い年月このことを考えていると、集団による個人への「いじめ」には、特にそのやる側の集団の動きのなかにひとつのパターンらしきものがあることがわかる。

たとえば小学校6年生か中学校1年生ぐらいのクラスで、男子15人ほどの集団を思い描いてほしい。そのなかには、勉強の一番できるA君、勉強もできるけれどもスポーツが得意で体格もいいB君、明るくひょうきんで、まわりの気分をキャッチするのが得意なC君などがいる。B君はみんなからいろいろな意味で一目置かれる存在だが、勉強の点でA君にかなわないくやしさを抱えている。クラスの他の子どもたちも、生活も豊かそうで、仲のよい親といつも楽しそうに歩くA君を見ていて、どこか「いいなあ」という思いを抱いている。

「ねたみ」と「つぶやき」

ある日のテストでいつものようにA君は満点をとった。「当然」のような表情ですわっていた。それを見たB君が、そばにいつもいるC君らに、つぶやくように（決して大声ではなく）言った。「えらそうに。なんであんなにすましてられるんかねえ。ムカつくよなあ…」――。

その日からC君を中心としたグループが最初に、A君のイスを蹴ったりし始めた。C君らはB君の満足する顔を見たいのと、自らの心のなかにもあるA君への「うらやましい」という感情が重なって行動しているのだが、そういう認識は子どもたちにはない。

論理的ではないけれど、その分とても強い力をもってしまう「ねたみ・そねみ」の集団が前提として存在し、そこに、ちょっと「上」の立場の人（現実のいじめではここに先生や生徒会長やスポーツのスター的存在などが入る）のささやきがプラスされたとき、集団内部の「ねたみ・そねみ」は、「表現してもかまわない正しい感情」になってしまう。そして気がついてみれば、びっくりするような暴力、暴力的なことばなどのいじめになっていることがある。A君を3人の人質、B君を小泉首相、C君を一部マスコミの人たち（あるいはいま、B君の意を迎えることを大切に思っている政治的グループ）と置きかえてみると、わかりやすいかと思う。まさに、子どもたちの集団による「いじめ」は、こんなパターンで始まることが多いのだ。

今回のことでも、ひどい中傷をファックスした人から、「外国から言われて気がつきました。なぜあんなことをしたのか。すみません」といった〝謝り〟のファックスも届いていると、新聞の片隅に書いてあった。

そう、「気づくとびっくりするようなこと」をしてしまっているのが、この「集団による暴力」の真のこわさである。

抗議は大声で！

今回の日本中をまきこんだように見える「いじめ」現象は、自衛隊のイラク派兵という政治目的があったから、はっきり見えたのだと私は思う。派兵していなければこんなことは起きていなかったと断言できる。おそらく「人質」になってつらかったでしょうと日本中が同情し、かわいそうに、の合唱だったろう。その合唱の軽さと今回の「いじめ」は表裏一体なのだけれど…。

小泉首相のずるさは想像を超えている。もしあの4月16日午前中のインタビューでの「ささやき」が意識したものだとしたら、とても悪い人だと思う。しかしおそらくは意識したものではあるまい。私の想像だが、小泉首相はハラを立てていたのだろう。せっかく、苦労して自衛隊を出したのに、そのハレがましい場面におんな、子どもがキズをつけたと。もしそうなら、そう表現して怒ればいい。ここで怒らないで、「よく言うよねえ」とつぶやくのが「いじめ」の始まりを招くのである。

ここで総理大臣なら「いやあ、助かってよかったです。人の命は何より大切ですから」と大きな声で言っていれば、それはいわゆるおとなの発言になっていたと思う。しかしこの総理大臣は、大切なことはいつも「つぶやく」。その「つぶやき」の意を汲んで動くマスコミも計算にいれての「つぶやき」だ。

子どもの「いじめ」を責める資格は政府にはない。むしろ「いじめ」をつくり出している人たちなのだ。そしてこの構造の上に戦争への道が敷かれることは歴史が証明している。私はこの小泉発言のことをあちこちに書き、講演でも大声でしゃべっている。「人質」の人たちには「私はあなた方を誇りに思う。ガンバレ」とファックスした。「つぶやき」には堂々とした表現で抵抗するしかないと思う。

（２００４年６月号）

イラク人質解放

3人あすにも帰国

きょう午後ドバイへ

政府は16日、イラクで武装グループに人質にされていて解放された[redacted]さん(32)、[redacted]さん(18)、[redacted]さん(34)の3人を日本時間同日午後3時ごろ、チャーター機でバグダッドからアラブ首長国連邦（UAE）のドバイに移送する。3人は早ければ17日午後にも民間直行便で関西空港に帰国し、警察当局が事件の経緯などについて事情を聴く。政府は、イラクで拉致されたとみられるフリージャーナリストら邦人2人の行方が依然不明なことから、外務省対策本部などは存続させ、2人の安否確認や救出を急ぐ。

（2・3・8・14・15面に関係記事）

行方不明になっているのは、フリージャーナリストの[redacted]さん(30)＝埼玉県入間市在住＝、市民団体メンバーの[redacted]さん(36)＝栃木県足利市出身。

16日午前に開かれた閣僚懇談会で、小泉首相は各閣僚に「まだ所在のわからない2人、各国の人質がいる。引き続き慎重に事に当たるように」と情報管理の徹底などを改めて指示した。

福田官房長官は16日午前の記者会見で「政府もこの地域には危険を伴うと退避勧告をしたが、行かれる方が身の安全に全力を期すべきだ。渡航を延期することが当然考えられてしかるべきだ」と改めて強調した。

また、閣議後の閣僚懇談会や与党の対策本部などで、退避勧告にもかかわらずイラクに渡航した3人らの「自己責任」を問う声が相次いだ。

外務省は同日午前7時から緊急対策本部の会合を開き、3人の移送方法などを確認した。一方、行方不明となっている[redacted]さんら2人の安否確認と救出のため、同省内に設置された対策本部とアンマンの現地緊急対策本部は存続させ、引き続き情報収集などに全力をあげる方針を決めた。

アンマンの現地緊急対策本部長を務めている逢沢一郎外務副大臣は同日午後、ドバイで解放された3人を出迎える。3人は拘束が1週間に及んだことから、ドバイの病院で健康診断を受ける。

「自覚を持って」小泉首相

小泉首相は16日午前、イラクで武装グループに人質にとられていた日本人3人が解放されたことについて「本当によかったですね。ほっとしています」と述べた。一方、バグダッド西方で拉致されたと見られる日本人2人については「まだ確認がとれておりません」と語った。首相官邸で記者団の質問に答えた。

首相は事件について、「犯人グループの要求に応じてはいけない。しかし、3人を無事救出しないといけないという難しい仕事だった」と振り返り、自衛隊については改めて「（撤退しない方針に）変わりありません。（犯行グループから）要求が出されたということも未確認です」と語った。

3人に対しては「退避勧告を無視して出かけていった方々にもよく考えていただきたい。いかに善意の気持ちがあっても、これだけ多くの人たちが救出に寝食を忘れて努力してくれているのに、そういうこと（イラクでの活動を継続したいと）を言うんですかねえ。自覚を持っていただきたい」と促した。

解放に向けてどんな交渉が行われたのかについては「各方面へのいろんな働きかけが功を奏したんだと思っております」と述べるにとどめた。

解放の情報は、15日午後8時過ぎに連絡を受け「確認をはっきりしなさい。未確認情報を発表するんじゃない」と指示したことを明らかにした。

「イラク人 嫌いになれない」「健康だから大丈夫」「撮るのが仕事」

3人が語る

[redacted]さん、[redacted]さん、[redacted]さんは、解放された後、元気な声で家族に電話をかけてきた。3人の姿は、日本のテレビでも繰り返し流れた。疲れた様子だったが、「イラク人を嫌いになれない」など、イラクへの思いを口にしていた。

16日朝、カタールの衛星テレビ局アルジャジーラのインタビュー映像がNHKで流された。

[redacted]さんは、今後の活動について聞かれると、「続けます」と即答。「今はすごく疲れてショックなこともたくさんあるけど、イラク人のことを嫌いになれない」と涙ぐみながら語った。

[redacted]さんも「撮るのが仕事なんだよ、おれは」と話した。解放直後、バグダッド市内で撮影したという。

前日夜、3人はバグダッドの日本大使館から家族に電話をかけてきた。

[redacted]さんは、上京中の弟[redacted]さん(33)に「[redacted]」と呼びかけた。[redacted]さんが「言動は慎むように」「100回まわって世界中のみなさまに謝れ」と言うと、「うん、うん、うん」と聞いていたという。

[redacted]さんは、[redacted]さん(23)に「健康だから大丈夫。父さん、母さん、ばあちゃんにもよろしく伝えてくれ」。母[redacted]さん(51)が16日午前2時ごろ、バグダッドの日本大使館に電話をすると、元気そうな声で「大丈夫、大丈夫」と繰り返した。おなかをこわしているが、食事は普通に食べているといい、祖母の[redacted]さん(83)の体調を気遣っていたという。

[redacted]さんは、母[redacted]さん(55)の携帯電話に「カメラマンとして1枚も撮ってない」として現地に残りたい希望を伝えた。[redacted]さんは「何言ってるの、早く帰って来なさい」と強く諭したという。

2004年4月16日　朝日

佐世保市の女児殺害事件について

5月末、大阪で旧友・新友たちと心あたたまる交流をして、胸のなかに風がさわやかに流れる気持ちで帰京した。そしてすぐ、6月に入ったとたん、長崎・佐世保市で11歳の女の子が同級生の女の子の首をカッターナイフで切って死なせたという事件が報道された。現場が学校だったことで衝撃的に報道された。「この事件をどう考えますか？」といった種類の問いあわせはたくさん来た。報道が続いているなか30人予定の公開講座に80人が詰めかけ、主催者がとまどうことも続いている。

「うちの子もやる…？」――そういう問いをする人や会場に来る人たちのほとんどは、子どもをもつ女性である。多くの人が「うちの子もこんな事件を起こすのではないか」と不安を訴え、ある人は「うちの子がもし加害者になったらと思うと心配で心配で…。私はそのときのために損害賠償のお金の積み立てをはじめます」と言った。以前のように「うちの子に限って」と言う人は少なくなった。くり返しくり返し映像が流されるテレビ報道、これがテレビの最大の問題点だが、このなかで、毎日、どこでもこんな事件が起きていると思いこんで不安になる人が多くなっているのである。

この佐世保の事件にはいくつかの要素があると、私は思う。その要素が全部重ならなければ、こんな事件は起きるわけがない。そういう意味ではどこでも起きる事件ではない。ただ、問題は、その要素のいくつかがあちこちに存在することだ。何よりも「心のケア」などの対策がまったくピントはずれ、むしろ子どもを追いつめる結果になっていると思われるから、どこにでも起きる事件ではないと言い切ることも難しい。

なかよしのフリ

要素①　地方都市で、びっくりするほどのスピードですすむ過疎と少子化——事件の学校も「市」のなかなのに6年生は38人のみ。そのうち女子は20人。この20人がずっと6年間つきあうことの苦しさを、おとなの多くが気づいていない。
要素②　「なかよし」の質的な変化——とくに小学校中学年ぐらいからの女の子たちの友だちづきあいは、つきあいというよりは気配り、気遣い。つまり「なかよし」のフリをしながら胸の底では「私はきらわれているのでは?」という不安と闘っている。それなのにこの6年生の教室は「和のクラス」という目標をもっていたという（6・2『毎日』）。

要素③　いまの状況下にいる子どもたちがパソコン、チャットで「つきあう」ことのこわさにおとなも子どもも気づいていないこと——6・5東京新聞に「(うぜークラス　つーか私のいるクラス、うざってー、下品な愚民や、高慢でジコマンなデブスや）——すさまじい罵倒語が並んでいる。（略）もはや小学生といえども、この高度情報化社会の荒波から逃れるすべはない。むしろ逆に習熟することを迫られている。(以下略)」と書いてあった。

そうだろうか？　私は逆ではないかと思う。子どもたちがチャットのなかではなく日常の生活のなかで罵倒語のやりとりをしていたら、こんなことにはならなかったのではあるまいか。子どもはけんかのとき、すさまじいことばでやりあう。決して品のいいことばではないから、おとなたちは「やめなさい」と言う。しかし、子どもたちはやめなかった。学校帰りの道で「おまえの母さんデベソ」…などとやりあっていたのである。

学校・家庭が非現実

これを〝奨励〟する気はさらさらないが、こういう子どもたちのウップンばらしをすべて禁じている状況が広がっているように思える。学校では「和のクラス」、みんな「なかよし」

を演じ、家でも「親の言うことをきくいい子」だった（6・5『毎日』）という。子どもたちはそのホンネをチャット上で出していったのではあるまいか。

チャットのやりとりはどこまでも「ことば」だ。相手のつらそうな表情やときには涙といった、ことばによって引き起こされる感情は、チャットでは見えない。だからことばで相手をやっつけようとすれば、ことばの暴力はどんどんエスカレートしていく。

問題は、家庭や学校が子どもたちにとって演技空間、つまりヴァーチャルな場になり、演技ではないホンネはチャットのなかで増幅されるということである。チャットのようなヴァーチャルなもののなかで生きているからこんなことになるのではない。生きている現実の場所が、子どもにとってホンネの言えない、感情を出せない場になっていることこそが重大な問題なのだ。

今回急いでまとめた3つの要素はいまどの辺まで広がっているのだろう。①はたくさんある。1学年38人なら1クラス12、13人で3クラスにすればいいし、それがダメなら38人に5人くらいの教員が必要だ。「いろいろな先生」がいるから子どもは救われることもある。能率・効率のみで教員の数を減らし続けた責任はどこなのか考えたい。

「心のケア」はもうたくさん

②は、子どもの側から現実を見ないおとなの問題だ。「なかよし」をよいこととし、なかよくできない人だけをとり出して「心のケア」などやって事足れりという最近の流れに強い危機感を私はもつ。長崎県は去年の12歳の少年の「事件」のときからこの「心のケア」をさんざんやってきたのではなかったか。「心のケア」にお金を割くひまがあったら、子どもが生活する学校の教室、教員の数などにお金を使えと言いたい。

③もまた、子どもたちの問には広がり続けている状況だ。「高度情報化社会に習熟」するということは、もちろん機器に慣れるということだけではあるまい。使い方のモラルも〝習熟〟の中身だろう。そして、子どもは「覚えさせられる」ことが無限に増えていく。モラルよりも、それをまた「説教」「道徳の授業」として「勉強」することよりも、機器を道具として位置づけられる力を子どもに保障することだ。それは子どもどうしの面と向かってのやりとり、ケンカだったり遊びだったりするけれど、それをやれる時間をとり戻すことだ。

しかし、「対策」を見ている限り、こんな事件はどこでも起きるものではないと、私は言い切ることができない。「女性が元気になった」とか「放火は女、男はナイフ」などと

小6、同級生に切られ死亡

給食時、特別教室で

長崎・佐世保　県警、女児を補導

児童が切られて死亡する事件があった大久保小＝1日午後2時33分、長崎県佐世保市で

1日午後0時半ごろ、長崎県佐世保市東大久保町の同市立大久保小学校（出崎睿子校長、187人）の3階学習ルームに6年生の女子児童が大量の血を流して倒れているのを教諭が見つけ、119番通報した。救急隊や警察官が駆けつけたが、首の右側を深く切られており、死亡が確認された。服に血の付いていた同級生の女子児童(11)に事情を聴いたところ、カッターナイフで切りつけたことを認めた。長崎県警は「頸動脈を切った点に殺意を認めた」と説明。女児を補導し、同日夕、佐世保児童相談所に通告した。

（2面に「時時刻刻」、30・31面に関係記事）

死亡したのは佐世保市天満町、毎日新聞佐世保支局長[redacted]さん(45)の長女[redacted]さん(12)。司法解剖の結果、死因は首の動脈を切られたことによる失血死だった。

凶器とみられるカッターナイフは刃が折れた状態で学習ルームに落ちていた。長さ十数センチの細い刃の小型ナイフで女児の持ち物という。

県警によると、女児は「ごめんね、ごめんね」と話し、涙ぐんだという。事情聴取には途中から女児の両親も立ち会った。吉野多実男・捜査1課長は記者会見し、怜美さんと女児の間にトラブルがなかったかどうかについて「把握していない」と話した。

県警などによると、学習ルームは習熟度に応じた少人数授業のための特別教室で、教材などが置いてある。[redacted]さんは入り口付近の床にうつぶせに倒れていた。多量に出血しており、救急隊が到着した時にはすでに心肺停止状態だった。手の甲にも切り傷があった。

6年生の教室は同じ3階にある。午後0時15分から給食の準備を始め、同35分ごろ、「いただきます」のあいさつをした時、担任が怜美さんと女児が教室にいないことに気付いた。女児は間もなく戻ってきたが、血まみれで、「私の血じゃない」と叫んだという。

同校は各学年1クラスで、6年生は38人。学習ルームは6年生の教室から50㍍ほど離れたところにあり、児童たちは自由に出入りできる。

[redacted]さんと女児は仲が良かったといい、今春まで同校のバスケット部に所属していた。

事件を受けて同校は急きょ1～5年生を集団下校させた。6年生は学校に残して警察とともに事情を聴き、6年生の保護者を集めて事件について説明した。

同校は市中心部から1㌔ほど離れた、市内を見下ろす丘の中腹にあり、周囲は静かな住宅街。

通告を受けた佐世保児童相談所は、佐世保署に女児の一時保護を委託した。2日以降、家裁送致にするかどうかなどを判断する。

2004年6月2日　朝日

いう政治家、相変わらず「心のケア」を言い続ける現実感のない教育関係者を見ていると、子どものいのちがけは伝わっていないと思う。そして怒りがこみあげる。

（2004年7月号）

歩きながら相談にのる日々

「高1の息子がゲーム漬けです。学校は希望のところに入ったのに休みがちで、1か月行ったら10日間ほど休む、そのときはバイトして、月に5、6万稼いでいます。深夜までゲームをするので、狭い家だし、音がうるさくて下の子どもたちも眠れません。私が怒って電源を切ると、もう、キレた状態になって、私を殴る、蹴る――どうしていいか」

その女性はハンカチで目を押さえた。かなり疲れている。横にいる彼女の「友人」という同年代の女性が「夜もほとんど眠っていないようです。いまは彼女も神経科に通院していて、お薬ももらっているようですが…」と口を添える。

この「友人」という人も、「話を聞いてほしい」という。

「うちの息子も高1です。いま、学校はまったく行かなくなって、家に閉じこもったままです。昼夜逆転で、夜はずっとゲームをしています。何か言うと怒って暴れるので、もう、どうしていいのか…」

すると、先に口を開いた女性が少しあせった感じで言う。

「うちは学校には行ってるんです。休みがちではあるんですが、行くことは行ってるんです。先月は○日から△日まで行って…（ここから延々、実に細かい日数と時間の話になる。それを彼女はメモを見るでもなく、スラスラと語る）」

何を聞きたいのか？

するとまた「友人」という人が言い始める。

「でもうちは、私に暴力をふるったことはないんです。案外やさしいところのある子で…。暴力はモノに対して出すのです」

いま、わかりやすくするために先に発言した人をAさん、後の「友人」という人をBさんとする。ある町の講座を終えた後、追いかけてきたふたりの女性との立ったままの会話の様子である。私は言った。

「おふたりが、いま一番私に相談したいのはどういう点ですか？」

Aさん「うちの子、バイトで毎月5、6万円も稼いでいるのに、それまで親からもらっていた月1万円のお小遣いもくれって言うんです。渡すべきかどうか教えてください」

Bさん「私はいつまで待てば昼夜逆転がおさまるのか、それを教えていただきたくて…」
こんなとき私は自分の度量の狭さに気づいて、自分がいやになる。カッとなってしまうのである。私は2時間もこの人たちと語りあったはずだ（もっとも、このふたりは会の半ばから出席し、質問のときは沈黙していた）。いったい私は何をしているのだろう。こんな〝仕事〟はもうやめたい…。

どんな「友だち」か？

しかし、ふとふたりの女性を見ると、ひとりは涙をため、ひとりはうつむいている。何よりこのふたりの後ろに子どもさんの顔が浮かんでくる。一生懸命おなかに力を入れて、気になっていたことを問う。
「おふたりは、いつ頃からのお友だちですか？」
Aさん「子どもが小学校4年生になった頃からです」
私「どこで出会ったのですか？」
Bさん「〇〇会という進学塾です。その会には〝親の会〟というのがあって、そこで出会いました」

私「親の会って？」

Aさん「子どもが心おきなく受験勉強に励むためには親の心がまえが大きいんです。静かな時間をどうつくるか、頭によい食事のメニューは、などを教えていただく会です」

私「どのくらいの回数で集まるんですか？」

Bさん「中学受験が近づいたら増えるんですが、ふだんは週1回です」

私「けっこう多いんですね。いま中学受験っておっしゃいましたが、おふたりの子どもさんも中学受験しておられるんですか？」

Bさん「はい。そしてふたりとも失敗しました。そのときからAさんとはとても仲よくなって、ほんとにつらいときに励ましあってきたんです。それから別の進学塾に移して、中学校時代はけっこうふたりとも勉強してたんです。部活もやってました」

Aさん「そうです。高校も、ふたりとも第1希望の高校に入ったんです。それが、どうして…」

私はもうハラをくくるしかない、キレイごとでは済まないと考えた。

まずAさんに向かって言った。

「お小遣いは約束なのだから、毎月1万円はあげたらどうですか。バイトといっても不定期でしょうし」

つづいてBさんに言った。「いつ昼夜逆転が終わるかなんて、私には答えられません。いつかは終わること、とだけは言えますが…」

次の仕事の時間が迫っていた。あせって言うことではないと思いつつも、ふたりにも一緒に駅まで歩いてもらいながらしゃべった。

「おふたりとも、私にほんとうに聞きたかったことは別のことでしょう？　子どもさんのいまの状態をどうすればいいのかってことでしょう？」

子どもの壁に風穴を！

ふたりは歩きながら強くうなずく。

「だったら、そう表現しなきゃあ。子どもさんは正直にいまの自分を出しているのに、お母さんがふたりともこんなに不正直じゃあ、子どもさんと会話もできないわよ。私の思うこと率直に言わせてもらうと、おふたりの子どもさんは、ほんとに〝いい子〟だなあってこと。ほんとにここまでよくがんばって、こんなワガママな親の言うことをよくきいてきたなあってこと」

Aさんの目に涙があふれ、立ち止まってしまった。Bさんがその肩を抱き、再び歩き始める。すれ違う人が不思議そうに我々を見ている。

「小学校4年生から中学校3年生までという、ものすごく子どもとして大切な時期を、あなた方の子どもさんはずっと勉強ばっかり。そして12歳で受験失敗という挫折まで経験してる。よく耐えてきたよね。でも、あなた方が殴られる筋あいもないよ。もし、いままでのことを悪かったと思えば、子どもさんに謝ってほしい。子どもを封じ込めていた親や教員が子どもに謝るってことは、子どもの側から表現すると、壁に風穴が開くってことなの。そして、本気でやりあえばいい。他の家族も交えてバトルをやってみて——」

もう半年も前のできごと。その後はわからない。私も確かめない。いま、ケンカを奨励して歩いているような気がするときもある。答えは出せるはずもない。いっしょに歩きながらしゃべったり、泣いたり、しかないのである。

（2004年8月号）

殴らない指導って何!?

元々いつも見るという方ではないが、このごろ特にテレビがおもしろくない。なぜだろうと思ったが、考えるほどのことではない。原因はオリンピック放送だ。日の丸と君が代とニッポン、ニッポンのかけ声。もう逃げ出したくなる。

テレビを見なければいいのだが、ニュースは見たい。しかしニュースのほとんどがオリンピック、その上他の国のことはほとんどとり上げられず、ニッポン、ニッポン――うんざりしてくるのだ。

四万十川で育った私にやれるスポーツは水泳のみ。それも他の人と競争になったらさっさと降りてしまうから、競技という意味でのスポーツはまったくできない。

嫌いなことばがスポーツのなかにはいっぱいある。根性、監督、制覇、闘争心、指導者、ついていく等々。戦争につながることばが多いし、それに日の丸・君が代が重なるオリンピックともなれば、胸がドキドキするほど〝戦争〟と重ねてしまう。

そんなこと気にしすぎだと言う人もいる。オーバーだと言う人もいる。だからどこででも口にできない。オリンピックの話題になったら黙っているか、せいぜい、「私、オリンピックは嫌いですから」ということにしている。それでも「ヘェーッ」という表情をされる。そしてそのことがとてもめんどくさいのである。アテネが終わる日を指折り数えている。

大切な人は殴らない

そんななか、とても不思議なことばを目にした。8月15日付東京新聞の見出し――「日本の財産」初戦は涙　女子バレー・大山選手　殴らない指導で開花――。バレーボール日本代表が初戦でブラジルに敗れたというニュースだが、日本代表のなかでフル出場した大山加奈選手（20）は高校時代の監督の「殴らない指導」で花開いたというのである。

私がびっくりしたのは「殴らない指導」ということばだ。ああ、こんな風に「指導」ということばを使うのだ、だから「子どもに笑いかける指導」だの「子どもを見つめる指導」だのといった訳のわからないことばが教育のなかに顔を出すのだろうと思った。

学校でよく耳にする「清掃指導」「給食指導」「登校指導」なども、初めて耳にしたときは変なことばだと思った。なぜこんな言い方をするのだろう。「子どもたちがちゃんと清掃をしているかどうか見てきます」ということが、まとめられたら「清掃指導」になるのか、こんなことばを平気で口にするようでは教員と子どもの間はますます離れていくだろうな、などと考えたりした。

前述の記事をもう少し引用する。ムカつく思いをがまんして読んでほしい。「天性の素質に加え、大山選手が大きく成長した背景には、小川監督の独自の指導があった。／長時間練習も耐え、依存心が強いといった女子の『定説』があり、殴る指導は当然だった。それを『殴らない』指導に変えた（後略）」。その理由は「小学生の加奈を見て、これは日本の財産だ、つぶさないように育てようと思った」ことのようだ。

じゃあ、やっぱり殴ることはつぶしてもいいということなのか、だったら「指導」なんてことばをくっつけるのはやめろと言いたくなるが、本稿で私はイチャモンをつけているわけではない。また、好きなスポーツに打ち込んで、懸命に練習をして努力をして、そして金メダルをとった人を否定する気もさらさらない。

指導者はいつも男

「涙と栄光」などと言いながら、個人の努力の部分を競って報道するなかで、こんなに女を差別した記事を平気で書いてしまうメディアにハラが立っているのである。そして柔道にしても指導者はたいてい男で、試合の場面では叱られ、注意され、勝ったらその胸で泣く——こんな光景にイラだつ人もいるのに、いるはずがないと思いこんでいるオリンピック礼賛派の人たちの無神経ぶりにハラが立っているのである。

そう、スポーツの映像のなかには意外にも暴力的な場面が多い。スポーツが「勝つ」ことを追い求めるとき、そこにはきわめて乱暴な姿が顔を出すことは誰もが感じていることだ。

私の夫はスポーツ大好き人間である。大学まで野球をやってきた人で、甲子園にあこがれ、夢破れた〝青春〟を抱えている人である。なぜ私のような非スポーツ人間といっしょに暮らしていられるのだろうと不思議に思うくらいだ。お互いさまなのだろうけれど…。

この夫が20年ほど前、横浜のドヤ街、寿町の子どもたちの野球チームの監督をしたことがある。街の人に頼まれて引き受けたのだが、彼は子どもたちに監督と呼ばせなかった。「青木さん」と呼ばせていた。他のチームの監督が「監督を名前で呼ぶなんて失礼だぞ」と子どもたちに注意をしたら、「個人の名前で呼ぶことがなぜ失礼ですか?」と逆に問い返していた。

チームはいつもビリの弱いチームだったが、子どもたちは街の人のカンパでそろいのユニフォームを買ってもらい、とても楽しそうだった。夫は自分のなかに2つの決まりをつくっていた。「子どもを絶対に殴らないこと」と、「休まず、同じ場所で、誰も来なくても、野球の練習をすること」だった。

スポーツは楽しく！

「殴らない」と決めた理由は、家庭で殴られている子が多いチームだから、せめて楽しい野球は「殴らない」場にしたかったということと、自分が中学・高校の野球部時代、殴られながら「反省」をさせられ、屈辱に感じていたことのようだった。「いつも練習を」というのは、あそこにこの時間に行けば必ず野球ができるという〝信用〟を子どもたちにしてほしかったのだという。

このチームがたった一度、それも優勝候補のチームに勝った。子どもたちは大会で優勝したかのような喜びようだったが、負けたチームはコンクリートの上に正座させられ、監督に叱られていた。そこには楽しいスポーツから離れ、根性教育に利用される野球の姿があった。

スポーツのなかで育った夫が身につけたものは、スポーツはどこまでも楽しくなければダメだということ、「教育」だの「指導」だのとくっつけたら楽しいものではなくなるということ、好きなスポーツでも殴られた記憶は怨みとして残ること等々。どうやら私との共通点は、この怨みがましいところらしい。それにしても、オリンピック、消えてなくなれ。

（2004年9月号）

地域にある「虐待」の思想

栃木県小山市でまた痛ましい幼児への虐待殺人事件が起きた。私は、これは「私の事件」だと思って、新聞切り抜きのファイルを一項目、別に立てた。「私の事件」なんてエラそうな言い方だが、要は、私が気にしている部分に関連してくる要素が感じられる（まだ犯人が確定したわけでもないし、事件の詳細もわからないから「感じられる」と表現する）事件という意味だ。

それは2人の父親、加害者とされる39歳の男と被害者になった幼児たちの父親という40歳の男の関係にある。私はこの2人は支配・被支配の関係にあった、つまり「いじめ」関係にあったのではないかと想像したのである。

家族とか少人数の教室とか一定の小さな集団のなかで、一方的にガマンを強いられる人間が出現すると、そのガマンのストレスはその集団のなかの最も弱い者に向かって流れることが多い。多くの場合、ここに出てくるのは母親としての女性である。今回の事件は父親としての男だけの関係で、そのことのなかに「時代」を感じることもあったが、男でも女でも暴力の関係になったとき結果はいつも弱い者にそのほこ先が向かうことに変わりはないと思った。

地域の教育力って？

この事件そのものについてものを言うには、まだわからないことが多すぎる。今日、ここで言いたいのは「地域の教育力」ということばに関してである。

あの幼い2人のきょうだいを助けるチャンスはたくさんあったようだ。まず、きょうだいの父親、あるいは離婚しているといわれる母親、祖母などの身内。そして近所の人たち、コンビニの人、警察、児童相談所、「数時間にもおよぶ暴力を目撃していた」と語る、事件直前に子どもたちがいたとされるガソリンスタンドの人たちなど――。ほんとうはもっとたくさんの人たちが、幼児への暴力を知っていたことと思われる。それなのになぜ、助けられなかったのか。今回もまた、たくさんの宿題を背負わされた。

こういう状況を「地域の教育力がなくなった」というのだろう。さっそく、ある町の講演会場で質問があった。「顔がボコボコになってアザだらけなのに、なぜあの父親は見抜けなかったのでしょうか。まわりの人たちも見ていたはずなのに、なぜ止められなかったのでしょうか」

すぐ近所の人が介入することは、意外にも、とてもとても難しい。「刃物をもって追いかけられている」ぐらいの状態でなければ、通報も現実には困難なことが多い。それは無関心というだけではなく、胸の内では心配しながらも、あれは「しつけ」かもしれない、あんなに殴ったりしながら仲のよいときもある、あれがあの人たちの「つきあい」方かもしれない、などと考えてしまうからである。

「虐待」の思想

そして、この「考えてしまう」中身にこそ、虐待を「見抜く」ことを困難にする、私たちの子ども観、思想がある。問題はこの思想にある。

たとえば、まったく別の虐待のケースだが、3歳の孫がひどい暴力を受けているらしいと感じた男性がいた。暴力をふるっているのは娘の夫、つまりその3歳の子の父親だということはすぐ気づいた。しかし、この男性はそれを虐待とはまったく思わなかったという。子どもが救急車で運ばれ、警察が入ってきて初めて虐待だと知らされた。なぜそのときに虐待だと思わなかったのか。

「あれは大切なしつけだと思っていた。男の子だもの、あのくらい厳しくしなければダメだと思っていた。何も死ぬほど殴らなくても…」

このことばのなかにたくさんのことがつまっている。今回の栃木の事件でも、いろいろな場面で、「男の子だし、やんちゃ盛りだし、多少ひっぱたくことぐらいはあって当然」と思っている人がいたのではあるまいか。この考え方そのものが、「地域の教育力のなさ」を示しているのだが、そう気づいてくれる人はとても少ない。逆に、女の子が殴られている方が「女の子をあそこまで殴らなくても…」と介入してくれる人が多いのである。

そして、なおさらしんどいのは、この「女の子を殴るなんて!」という言い方が、「男の子だから多少は殴ってもいい」という〝思想〟と裏表の関係にあることだ。

私は男の子、女の子という前に、「子ども」として考えてくれと語り歩いている。もちろんおとなだって暴力にさらされる必要はまったくないのだが、ちょっと（のつもりで）殴っただけで命の危険にさらされる子どもという意味で、殴らないで、蹴らないで…と祈るような思いで訴えて歩いている。

そういう私によくかけられる批判が「甘い」という言い方だ。一時期、私はこの言い方に打ちのめされたことがあった。自信のない私には、甘いとか、弱気とか、逃げてるといった批判がことのほか胸に刺さった。自分でもそうじゃないかと不安になっている（ということは心のなかで、強くなれ、ガンバレと自分を追いつめているということなのだが）ところを責められると、二重にプレッシャーになったのだ。

しかし、いまはちがう。私は「甘く」ないと思えるようになった。幼い子どもは、おとなにとって都合よく動かない。泣いたり叫んだりする。それを殴って黙らせていうことをきかせるのは、最も安易な方法だと気づいたからだ。安易な方法しかとらない人の方が「甘い」のではあるまいか。

殴ったり放り投げたら死んでしまう、そんな小さな命を抱いて狭い部屋のなかをグルグル歩いた。あやしても揺らしても泣きやまない赤ん坊に自分も泣きそうになりながら、どこか痛いの？　おなかすいたの？　寒いの？　とか、胸のなかで語りかけた。つらかったけれど「殴る」なんて想像もつかなかった。赤ん坊の気持ちを考えることだけで頭はいっぱいだった。子どもに育てられた時代だ。

誰も殴ってはいけない

どんなときも、幼い子どもが殴られていたら止めに入ってほしい。少なくとも殴られ続けていたら割って入ってほしい。カンちがいと後で当事者に叱られても、子どもの気持ちに添って、「まちがい」「カンちがい」をくり返していきたい。子どもでも、おとなでも、人は誰からも殴られることはあってはならないことなのだ。「しつけ」「教育」ということばで目をくらまされているのが「地域の教育力」の現状である。

（２００４年10月号）

3歳・4歳兄弟不明
誘拐容疑、同居の男逮捕

栃木・小山

栃木県小山市で4歳と3歳の兄弟の行方がわからなくなり、県警は12日深夜、同市神鳥谷《ひとのや》の自称会社員、[redacted]容疑者(39)を未成年者誘拐の疑いで逮捕した。[redacted]容疑者は兄弟とその父親を同居させており、逮捕前の取り調べでは「同居が不満で、車で2人を連れ出し、12日午前1時半ごろ、市内で車から降ろした」と供述したが、逮捕後はあいまいな供述を続けているという。13日朝の時点で、2人は見つかっておらず、県警が行方を捜している。

（21面に関係記事）

行方不明になっているのは、塗装工・[redacted]さん(40)の次男[redacted]ちゃん(4)と三男[redacted]ちゃん(3)。県警の調べでは、[redacted]容疑者は11日午後2時半ごろ、2人を自宅付近で乗用車に乗せて誘拐し、いずれかに連れ去った疑い。

調べでは、[redacted]ちゃんと[redacted]ちゃんは、[redacted]容疑者の子ども2人と自宅近くで遊んでいるところを、11日午後1時ごろ近所の人に目撃されている。[redacted]さんは同日午後3時ごろ息子たちがいないのに気づいたが、当初は[redacted]容疑者が2人を連れて出かけたと考えており、警察への届け出は12日午前0時10分だった。

県警によると、[redacted]さん方は、長男が別に暮らし、一家は3人。6月下旬から中学時代の後輩の[redacted]容疑者方に身を寄せ、同容疑者一家3人と6人で生活していた。

同容疑者は逮捕前、「光熱費ももらえなかった。出ていってもらいたかったが、先輩なので言えなかった」と同居への不満を訴えた。2人を連れ出し、12日未明に小山市内の公園付近で車から降ろした、などとも説明したというが、有力な目撃情報はなく、2人は見つかっていない。

12日深夜に逮捕された後は一転否認し、その後改めて認めるなど供述はあいまいだという。

2004年9月13日　朝日

人間もザツボクがいい

今年の夏、私は例年になく旅の途中で予定の変更を迫られた。台風の影響だ。三重県では2度も列車が停まってしまった。長野県では特急列車が動かなくて帰れなくなり、やむなく駅前のホテルに余分に1泊した。その鉄筋5階建てのホテルは雨漏りがして、寝具も床も湿度いっぱい。しずくの下に置いた金属の灰皿がチャポン、チャポンと音を立て、血圧の薬の関係で湿度に弱くなっている私はクシャミと涙に苦しんで、眠れない一夜を過ごした。

もちろん家の倒壊や洪水に苦しんでいる人から見れば、とるに足らないことだ。影響とも言えないほどの経験にすぎない。ただ、しょっちゅう旅をしている私でもこんな経験はめったになかった。それほど今年は台風が多かったということだ。

私は高知県中村市で生まれた。今年、この我が故郷が何度かテレビに映った。みんな台風がらみである。

そう、幼いころ、台風には毎年のように襲われた。当時、四万十川は必ずといっていいほど氾濫した。水がまさにふくれ上がって、ものすごいスピードで追いかけてくる。そのなかをランドセルを背負って、レインコートなんてしゃれたものはないから、父母に得体の知れないゴムやビニールのふろしきのようなものを頭からかけられて、いっしょうけんめい高台の親戚の家に逃げた。

「生活」の情報

そんなとき、テレビはもちろんなかったが、ラジオも持っていた記憶はない。情報源は村の年寄りや水防団としていつになくりりしく見える近所のおじさんやお兄さんたちだった。私の祖父が雨のなか、川面をじっと見つめて、

「こりゃあ、上（かみ・上流の意）でエライ雨が降っちょる。エライことじゃ。はよ、逃げんといかん。みんなに言うちゃれ。はよ、はよ」

と言ったときの光景は、いまでもはっきりと記憶している。鮎やウナギなど川の魚をいつも相手にしてきた祖父は、水の濁り方にとても敏感であった。そして祖父より若い人たち（といっても40代、50代、60代前半ぐらいの人）が集まり、一軒一軒をまわって声をかけ、

寝たきりの老人や病人は誰かが背負って、みんな無事に乗り切った。

私にとって、だから、自然災害のなかでも台風は予測のつくものだった。事前に逃げれば死ぬことはあるまいと思えるものだった。地震は予測がつかないから難しいが、台風はこわいけれど、用心すれば助かるものだった。

しかし今年、山のなかで崩れた山肌を見ると、樹木の種類が昔と明らかに違っていた。杉やヒノキなど、同じ種類の樹が圧倒的に多くなって、雑木が極端に減っていた。その場所を車で送ってくれた三重県の人はこう言った。

「やっぱり、ザツボク（雑木をゾウキと言わないでこう表現した）の方が強いんですわ。同じ樹にしてしもうたんは経済的な意味でしょうが、いざというときはどこまでも深く根を張るザツボクが支えてくれていたんでしょう」

ザツボクということばに、私は妙に感心した。ゾウキというよりずっと、デコボコの強さを感じる。

荒れる山河

今年の台風の多さはおそらく地球規模の自然の変化とからむだろうし、山崩れや洪水の原因も1つではあるまい。被害者にお年寄りが多いことも、過疎の現実を思い知らされるし、同じ樹を植えて一見きれいに見える植林の山が意外に手入れされていないことも知らされた。「国破れて山河あり」というけれど、今年、私は「国、金もちになり、山河荒れ」と、心のなかでつぶやいていた。

なかでもこわいと思ったのは、情報源である。首都・東京の気象庁から出される予報を、あまりにも信じすぎていないか。気象庁の予報がはずれるというわけではない。それぞれの地方の、文字どおり山と山の間のひだに分け入った、その場所での経験に裏打ちされた情報があまりにも少なくなっていると、私には思えたのだ。これを、自然のなかで生きる力を弱くしてしまった、というのだろう。

2、3年前、神奈川県で、川の中州でキャンプしていた人たちが洪水にのみこまれて亡くなる事件があった。土地の人たちが「そこは危ない」と言っても聞かなかったなどと報道された。そのとき以来、私は、日本人の多くは管理された自然しか相手にしてはいけない、野生の自然（妙な表現だが）のなかで生きる力はとても弱くなったと思ってきた。

こんな台風のさなか、東大阪市で、20年間ひきこもっていた36歳の男性が両親を殺して交番に自首したという事件が報道された。マスコミは例によって大きくとり上げ、ひきこもりについて、いろいろととりざたされた。

ひきこもりを背負う

詳細はわからないが、この男性は両親を殺した後、「自分の足で」自首している。言い方を変えると、両親を殺したから世のなかに出られたのかもしれない。そしてそのまま警察の建物のなかに「ひきこもった」のかもしれない。外からはいろいろなことが言える。おそらくこの人は気持ちの上では必死に両親を背負っていたと思われる。「気持ちの上では」というところが、いまを生きる人たちのしんどさの最大のものだと思う。

いろいろな人間関係を、頭のなかで想像するだけで疲れてしまい、独りで、結論を出す人が多くなっている。ネット心中などにも私は同根のものを感じる。

やはり、「生きる」ということはとても見えにくくなっているようだ。食べ物はどうにか保障され、他人とかかわらなくても生きてはいかれる。〝自然〟とたたかわなくても、何とかやり過ごせる。そして、何のために生きるのか見えなくなっていく――。

しかし、誤解をおそれずに言うと、人はひきこもってはいけないのだろうか。とじこもりは許されないことなのだろうか。かつて、村の水防団は、寝たきりの老人を黙って背負って水のなかを渡った。36歳でひきこもっている人を黙って背負う社会の力は失われてしまったのだろうか。

「生きる力」と言うとき、すぐそれを「個人の力」のみに考える人が多くなっている。「個人」のさまざまな事情を考慮することなく、「甘ったれるな」という言い方がハバをきかせる。まさに「国、金もちになって、人間関係崩れる」だ。人間のザツボクが減ったのだろう。

（２００４年11月号）

36歳、両親絞殺の疑い

20年間引きこもり

東大阪

19日午前11時半ごろ、大阪府東大阪市中石切町4丁目、無職[redacted]容疑者(36)が「両親を自宅で殺した」と近くの交番に自首した。枚岡署員が調べたところ、父[redacted]さん(68)と母[redacted]さん(61)が1階6畳間で死亡しており、同署は殺人容疑で[redacted]容疑者を逮捕した。同容疑者は高校中退後、約20年間自宅に引きこもっていたといい、「職に就けない自分がふがいなく、3人の将来の生活が不安になって殺した」と供述しているという。

調べによると、[redacted]さんと[redacted]さんの2人は布団に横たわった状態で、首に絞められた跡があった。[redacted]容疑者は「18日夕に2人をネクタイで首を絞めて殺した」と話しており、同署は司法解剖して死因を調べる。

[redacted]容疑者は長男で、両親と3人暮らし。近所の人の話によると、高校入学直後に交通事故に遭って足に大けがを負い、半年ほどで中退。けがは回復したものの約20年間、ほとんど外出しない生活だった。

調べに対し、[redacted]容疑者は「アルバイトをしたことはあるが、顔にでき物ができて外出するのが嫌になり、引きこもるようになった」と供述しているという。

2004年10月20日　朝日

傷つけあうのではなく…

「大きな袋を肩にかけ　大黒様が来かかると　そこにイナバの白ウサギ　皮をむかれて赤はだか…」――子どもの頃よく聞いた歌が、この頃、耳の奥でよく聞こえる。気がつくと口ずさんでいたりする。

考えて見れば残酷な歌詞である。「皮をむかれて赤はだか」なんて痛そうだなあ、でも、それで生きているのかなあ、生きているから赤はだかに風がしみたりして、よけい痛いのだろうなあなどと、子どもの頃思ったことも思い出す。同時にこれにつながる歌詞も思い出す。「大黒様はあわれがり　きれいな水で身を洗い　ガマのホワタにくるまれと　よくよく教えてやりました」――「ガマのホワタ」なんて、フカフカでホンワカして暖かいんだろうなあ…。

暗い話はもういい！

私は講演の終わりに、自分が幼い頃、暴力を受けて育ったことを語っている。今年の3月末には、そのことを自分なりに考えた本『泣いていいんだよ』（けやき出版）も出した。そしてこの体験の部分に、最近、「また暗い話ですか――」とか、「もう、そういうどうしようもない話はやめませんか。もっと前向きな話をしてください」などの声がときどき届く。

以前もそう思っていた人はいるだろう。そう話している人もいたと思う。しかしいまは、私のところへ直接届くのである。そのたびに胃の奥で、「皮をむかれて赤はだか」の歌詞が響く。ときには涙も浮かんでくる。

なぜ、私はいつまでもそんな話をするのか。もう、やめにしてもいいではないか。自分でもそう思っていて、しかしやめるわけにもいかない思いも片方であって、いつもウロウロとその場に立つから、そういった声はことさら「赤はだか」に突き刺さるのである。

私はイナバの白ウサギとは違う。私は勝手に、自ら、赤はだかになったのだ。誰に強制されたわけでもない。しかし、正直に語った後、必ずひとりは、「私も、親に殴られて育ちました。その親を好きになれず、それはいけないことと自分を責めてきました。初めて、私と同じ気持ちの人がいることを知りました。私は、私ひとりが間違っていると思っていましたが、私のされたことが不当なことであって、私が悪かったからじゃないことを知りました」と言ってくる人がいる。

今年出した本を読んだ人からも手紙が届く。もちろんそのままはここに書けないが、上は60代から下は10代まで、暴力のなかで育ち、しかも子育てを不安のなかでしているという人たちから届く。みんな「皮をむかれて赤はだか」だった子ども時代を抱えていて、あまりに傷が深いから、赤はだかはなかなか癒えない上に、その上を吹く風が冷たくてしみるから、固い固い防御の膜をはって生きてきた人たちだ。

そういう人と出会うと、やっぱり語らなければと思う。しかし、やはり、懸命に語って、「暗い話はもういい」と言われると、忘れようとした「赤はだか」の上を北風が身を刺すように吹くのを感じるのである。

「あなたの方が逃げてる！」

そんなとき、首都圏のある町で、ほとんどの参加者が20代という若者ばかり30人ほどの会場でしゃべった。私の話が終わる前から体をモジモジさせ、「もう、耐えられない」という表情を見せていた女性が、話を終わったとたんに手をあげて言った。

「もう、そんな話、いいです。暗い、暗い。もっと明るく、前向きに話しあいませんか」

私は「またか」と思った。そして、しゃべったことを後悔しかかった。すると別の女性が立ち上がって言った。

「あなたの前向きとはどんなことですか。明るい話ってどんな話ですか。私は、現実を探して歩かれる青木さんの姿勢にすごく前向きなものを感じました。逃げないで、自分のことを語ってくれる姿勢に勇気を感じました。前向き、明るいなどと言っているあなたの方が現実から逃げようとしているように思います」

会場から拍手が起きた。最初の女性は真っ赤な顔でうつむいた。こうなると私はもう自分の「赤はだか」を忘れて、この人を元気づけなければと思ってしまう。自分でもイヤになる私の性格のひとつだ。私は言った。

「そう、暗い話はもういいということは、わかる気もします。でも、もしかしたら、暗い話はイヤという人たちのなかに、ほんとうは暗い思いとか、自分ではマイナスと思いこんでいる記憶とかがあるのかもしれませんね。ただ私の話は、現実にあった、またいまもある話ですから、子どものそばで仕事をする人たちには知っておいてもらいたいことです。もっと淡々と語ればいいことですが、どうしても自分の幼児期の記憶ですから、どこか感情的になってしまうのでしょうね。私の話し方の問題もあると思います」

自分を守ろうとして…


すると、うつむいていた女性が言った。

「いいえ、すみませんでした。私、自分のことを言われた気がして、不思議なんですが、自分を守ろうと思って、つい…」

そうか、そういうこともあるのか、私の話をいきなり「暗い」「もっと前向きに」などと言う人（若い人が多い）は、話がそっちに流れることを恐れて、先に自分を守ろうとする意味もあったのか――。私はもうすぐ60歳になる。あと2年弱で。それなのに、どこに年を重ねてきたのか。ダメだ、まだまだダメだ。

「イナバの白ウサギ」の話にはさまざまな論がある。背後に隠された史実とか差別とかがあるとも聞いている。資料を探して、これらのこともさらに調べたいと思っている。そしていまさらのように思うことは、会場で私をかばって発言してくれた女性のことばが、きっと真のガマのホワタなのに違いないということ。

傷を受けている身に、さらに傷つけあうことの多いこの頃だけれど、相手の「赤はだか」に気づくこと、その感性だけは失いたくないと思った。若い人たちに教えられた一日であった。

私は私で行く。「赤はだか」はもうとっくに元の白（？）ウサギになっているけれど、さらに厚かましい年齢の皮も重ねているけれど、気持ちのなかのガマのような揺らぎを失ってはいけないと思った。

（２００４年12月号）

学力低下とわいせつ事件

２００４年12月7日の夕刊各紙は、去年ＯＥＣＤ（経済協力開発機構）が実施した国際的な学力調査の結果を、トップで報じた。15歳を対象としたこの調査で、日本の子どもの学力は「低下傾向。危機感、切実感をもつべき」と中山文部科学大臣は言ったという（同日『朝日』）。数学の応用力は3年前の前回と比べて1位から6位に、読解力にいたっては8位から14位に「落ちた」らしい。

この調査で、どういう学力がわかるのか、この順位はどの程度の「国際的」な意味をもつのか、さっぱり理解できない。ただ私はむしろ、数学の応用力はカナダやベルギーより上なのか、「へェーッ」と思った。

同日の新聞に、「Ａ大学野球部員5人がＪＲ中央線の車内で20歳の女性を取り囲み、集団でわいせつな行為をした」という記事が、特に関東方面では大きく掲載された。

「わいせつ力」？

さっそくこの2つのニュースをくっつけた報道が、翌日のテレビなどでもくり返された。このところ相次いでいる大学の運動部員の集団レイプ事件とも重ねて、「学力は世界のトップ水準とは言えないが、わいせつ力は世界トップ水準…」（12・8『朝日新聞・素粒子』）などと皮肉たっぷりに書かれたりした。これらの報道の奇妙な「軽さ」もとても気になるが、今回はそれはちょっと置く。

私のところにここ数年、次々と寄せられる相談がある。それは高校入学の際のスポーツ推薦に関するトラブルだ。「ラグビーで推薦されて、大学までエスカレーターのつもりで私学に入学した。入学後すぐケガをした。何となく部にいづらくなったら、学校もやめろと部活の顧問に言われた」「テニスで推薦入学したが、顧問となじめなかった。学校もやめて、いま、部屋から一歩も出て来なくなった」などなど。

最もひどいケースは、首都圏のある私学にあるスポーツで入学した（スポーツが特別なもののため、それを明らかにすると学校・生徒が明らかにされる危険性がある。いままだ話しあいの途中なので伏せる）が、部内でひどいいじめにあった。立ち直れないほどキズを受けたその生徒たち（やった先輩もやられた後輩も複数）に、部活の顧問が「学校をやめろ」と言った。なぜ顧問にそんな権限があるのかと問うと、その生徒の親は「入学許可もその顧問が出したから」と、私に答えた。

強い顧問の権限

高校への入学のシステムはそんな簡単なものではないだろうと思うが、問題は形式ではない。実質的にいられなくされてしまって、結局は「追い出され」てしまう現実にある。この生徒は裸にされて、睾丸を息がつまるまで何度も棒で殴られるなど、明らかに傷害罪になる暴力を受けている。しかし生徒自身が「あれはシゴキです。それに耐えられない自分がダメなのです」と言う。

大学の運動部の「わいせつ」事件の多発は、この、高校からのエスカレーター式システムと無縁ではない。この若者たちの多くが、たとえば今回の大学野球部のケースでも、逮捕された5人のなかに広島県、大阪府などの、いわゆる野球名門校出身者が入っていると報道された。おそらくその名門校（高校）に入る前から野球漬けの日々だったのだろうと思う。

そしてここに落とし穴がある。先述の部内のいじめをシゴキと言う高校生の場合も、幼い頃からそのスポーツが好きで、得意で、中学時代は朝練から始まって夜10時、11時まで寝る間もなくそのスポーツに打ち込んだという。親はその子の「やる気」に感動し、「心から応援しました」というのである。

それだけ練習に打ち込めば、当然ながら数学の応用力や国語の読解力を身につけるヒマはない。それなのに部内の「シゴキ」でやる気をなくした高校生に、顧問は「弱い者は去れ」と言い、親は「スポーツがダメなら勉強を！」と言うのだ。

私はもう数年前から甲子園の高校野球を見なくなっている。お金をかけて全国から集めた生徒のなかから選ばれた者たちが出て来る大会に、感動できないからだ。私は熱狂的な阪神ファンだが「甲子園球児のドラマ」は信じない。そこに出ている生徒のうしろに何千、何万の、「追い出された」生徒の顔を見てしまうのである。

個人の力を育てよう

今回、国際的な調査で学力が低下した原因は、子どもにも親にもない。ゆっくり考えていたら受験競争に負けてしまうというシステムに、その原因があることは明らかだ。国語の読解力を養う最大のものは読書だろうが、ゆっくり好きな本を読んでいるヒマは、いまの子どもたちにはないのだ。

そのシステムを片方で支え続けたのが、スポーツ推薦という方法である。勉強以外にその子の個性を認めて、などと美しいことばで表現されてきたが、要は、体を動かすことの好きな子どもに一切「余計なこと」を考えるな、迷うな、と言ってきたのではなかったか。「考える」こと、「迷う」ことが、応用力や読解力の基礎だろう。それを、受験競争とスポーツ競争の2本の線のみまっしぐらに走らせて、いまになって応用力や読解力が育っていないと言ったって…。

これらのシステムをつくってきた人たちが、そのことへの反省はまったくないまま、学力低下を嘆き、性モラルの低下を怒ることに、強い憤りを感じるが、事はもっと重大だ。スポーツの部活のなかでおこなわれている「シゴキ」、いじめがそのまま若者たちの反省ないまま代々受け継がれ、その人間無視の暴力が下級生や女性に向けられることが、何とも許せないことなのだ。

先述の高校生は自分の体に与えられた苦痛を怒ることができない。「不当な暴力」という認識がないからである。「教育的なシゴキ」あるいは諸先輩の「愛のムチ」などとどこかで思っているから、怒りのほこ先をそれに耐えられなかった自分に向けている（いまのところは）。

　これは虐待をされた幼児の心性と同じである。教育が必然としてもってしまう暴力に、私たちはうんと敏感でなければならないと思う。「学力低下」と運動部のわいせつ事件は表裏の位置にはない。２本の柱として、どっちも表の存在として子どもたちを追いつめた。だから、同じときにそれが形になって表れたということだ。何とか子どもをこの両方から守りたい。個人の批判力を育てるしかないと思っている。

（２００５年１月号）

「東京のようになりたくない」

年が変わって間もなく、1月10日午後、東京・千代田区の日比谷公会堂で、市民主催の大きな集会が開かれた。東京都の日の丸・君が代強制への抗議集会で「変えよう！　強制の教育——学校に自由の風を！」というテーマが掲げられた。軍歌を鳴らした車が来るかと思われたが、その日は「成人の日」。あちこちで「荒れ」ていたのか、こっちには来なかった。ただ私服ケイカンがいっぱいいて、そっちの方がびっくりだった。会場は２千人の人で埋まった。立ったままの人もいた。

そこで私は20分間しゃべった。そのなかみを今日は書く。

問題はおとなの不安

とくにここ1年間ほどは、日の丸・君が代の強制、奉仕活動の強制、教育基本法を変えようという流れ等のおかしさについて語ってきたが、なかなか思いが届かない。一般的に広がらない。

その理由として3つ考えられる。①無関心②無責任③強制等への支持、である。今日は③の支持のことについてしゃべる。とくに親のなかにある「支持する」気持ちについて。

キーワードはおとなの側の「不安」だ。

高校生の男の子をもつ人が言った。「いつもゴロンゴロンしていて、ちっともシャキッとしない。もうイライラしてしまって、奉仕活動でもやればもっとシャキッとするのでは…」

地域の健全育成会のおじさんは言った。「子どもたちがコンビニの前でたむろして困る」

ＰＴＡ会長で企業で働く男性は言った。「ニート（無業者）なんて、とんでもない。甘ったれてる」

この三者のように、子どもたちの「ゴ」「た」「無」は、多くのおとなを不安にさせるらしい。ゴロンゴロンの「ゴ」と、たむろの「た」と、「無業者」の「無」だ。

そしてこのおとなの「不安」をうまくすくいとるのが、日の丸・君が代に代表される「シャキッとする」姿なのである。頭では強制のこわさを理解していても、目の前の子どもの「ゴ・た・無」に不安になり、キビキビ、シャキッ、などのことばについ魅きつけられてしまうことが問題なのである。

ゴ・た・無はいけないこと？

「ゴ・た・無」は、なぜいけないのだろう。そもそも「ゴ・た・無」があってはじめて人は人になれるのではないか。ゴロンと横になって、ボーッと考えたりする無為な時間があってはじめて、生きることの意味とか、社会とか考えることができるのではないだろうか。「ゴ・た・無」がまったく許されないものは機械かロボットだ。教育基本法を変えようという人たちは、子どもをロボットにしたいと思っているようだが…。

なぜ、私たちおとなは子ども・若者の「ゴ・た・無」に耐えられないのだろう。耐える力を失っているのはおとなの方なのだが、なぜここまで不安になるのだろう。それは、子どもの気持ち（あるいはココロ）をすべて知りたい、わかりたいと思いすぎるからではないだろうか。

子どもはいつも未知の存在だ。すべてわかるはずもない。未知との出会いはたいてい、いつも不安いっぱいのものだ。その不安に耐えられなくて子どもを早くから抑えこもうとするが、それを「強制」という。「強制」は、ひたすら、おとなが安心したいがためのもの。

人間としての子どもの時間を奪うものである。

ただ、未知の存在だからといって子どもの「ゴ・た・無」に耐えるのは、そう易しいことではない。ゴロンゴロンはいつまで続くか、たむろは美しくないではないか、無業者は何年間待てば有業者になってくれるのか――不安はふくらむばっかりである。

それを共に語りあい、子どもも共に生きる道を選ぼう。ひとりでは耐えられないから、親同士話しあい、なかまを増やしていこう。

子どもを、不安だからといって、危険な流れに手渡すわけにはいかない。

「感情」を見ぬくために

しゃべることとは、私のようなタイプの人間にとって、書くことのようにうまくはいかない。書きながら考える人間なので、どんなに準備していてもその場に立つと話が違う方向に流れていったりもする。

また、この会では現場の先生や高校生からの生の発言がたくさん用意されていたし、もうひとりのメインの発言者、高橋哲哉さんが〝理論的〟なところは語ってくれるだろうという思いもあった。だから私の話はむしろ、講演というよりはアジテーションであったたかもしれない。

しかしここで語ったこと、おとなの子どもに対する「不安」が、いつの間にか相手側の感情にとりこまれてしまうことの危険性は、アジテーションに終わればいいというのではなく、実はとても重要なことと、私は思っている。

日の丸・君が代を強制したり、教育基本法を変えようとする人たちの言い方は、一応「理論」の形をとっているけれど、当日集会で高橋哲哉さんも言ったとおり、きわめて感情的なところから出てきたものだ。そのことは本誌の読者の人たちはきっとわかっておられると思う。彼らは、私のような書き方、言い方をする人間を「感情的だ」と非難するけれど、彼らの方がずっと感情的だ。どうしても現行の憲法を変えたいのは、結局は前の戦争に負けたこと、その結果「押しつけられた」ものへの、感情的な恨みが根底にある。

この「感情」をよく見つめないと事態の判断をまちがってしまう、と私は思う。彼らの言うことは「感情」だから、私たちのなかの「不安」という「感情」は、魅きつけられてしまうのである。

「感情」の存在を認め、その力をきちんと考えることはとても理性的なことだ。決して感情的なことではない。子ども・若者に対して、私たちは何を不安に思っているのか、不安にさせられてしまっているのか、しているものがあるとすれば、それは何者かなど、真剣に考えたいと思う。

そうはいっても東京の状況は「考える」ヒマもなく強制のアラシだ。「君が代」を歌うとき生徒が起立しなければ先生が処分される。生徒の心を完全に踏みにじっておいて、何が「心の教育」だ。

会場で他県の人が言った。「このままいったら東京のようになってしまう。東京のようにはなりたくない」——。忘れられない。

（2005年2・3月号）

形式でない「親」を求め…

親は子を慈（いつく）しむ、子は親を敬愛する、親を大切に、親孝行、孝行をしたいときに親はなし——これらは日常的に使われることばだ。しかし、私は口にしたことがない。同じことを表現したいとき（まったく同じことではないのだが）は、次のように言ってきた。子どもを育てる以上、とことんかわいがってほしい、あるいは、たっぷり大切にされた子どもは親を敬愛します、あるいは、親であれ誰であれ老人を遺棄することのないように、等々。どれも理屈っぽくて、ことばとしてこなれてなくて、その上クツの上から足をかくような中途半端な思いが残る。

しかし、親を大切に、などのことばは、子どもの立場の人をネジ伏せてしまう力をもっているから使いたくないのである。ことばはいつも社会や時代の現実や思想を体現してきた。「親」ということばには、もうすさまじいまでの思想の歴史が積もっている。親を大切に、と言われると、その親が個人としてどんなひどい人でも、その子がどんなひどい目にあっていても、ただ親だから大切にしなければならないという力をもつ言い方になる。これはもう、ひとつの「暴力」だ。

親と義絶している

このところ、講座や講演の後、手紙などを通じて、「親とつきあいをしていない。だから兄・姉・弟・妹たちとも義絶状態だ。私はほんとに親不孝な人間だと思う」といった声がいくつか届く。

「私は母の葬式にも行かなかった。私にはバチがあたると親戚の人が言う。すると、3歳の娘が風邪で熱を出しても、私が軽い交通事故にあっても、これは母のバチかと思ってしまう自分がいて、情けなくてしようがない」と言ってきた人もいる。

何もかも詳しくは書けないが、幼いころから母親におけいこごと、塾と連れ回され、どこでもトップになれないとわかったとき、「あんたはほんとにダメな子だ。ガッカリした。私の子ではないのかもしれない」と言われたという。彼女はそのとき以来、自分の気持ちのなかから「母親に甘える」という〝未練〟(彼女はそう表現した)を断ち切ったそうだ。

そして「断ち切った」後は、母親と会話しようにもことばが出てこなくなった。朝は「おはよう」と言い、帰ってきたら「ただいま」と言うけれど、自分の気持ちとかそれに関わる話は一切できなくなったというのである。「今日はいい天気ねえ、昨日ちょっと落ち込んでいたけど、こんなにいい天気だとハレバレするわねえ」などと言いたくないから、「お天気」の話もできなくなった。

その代わり、母親は多弁になったという。自分の人生はいかに苦しいものだったか、夫はそのことを少しもわかってくれない、私ぐらい損をした人間はいない等々、ほとんどグチだったというが、それを彼女に言い続けた。

娘の幸せが許せない？

彼女はひとりっ子である。当然、親が老いたら親のことを見なければと思っていた。母親とは心からの会話もなくなり、筆者から言わせれば、10歳前後から親子逆転の関係で母親を支えて生きてきているのだが、それだからなおさらなのか、両親をちゃんと看取らねば、と思って生きてきたという。

しかし、彼女が心から安心できる人と巡りあい、ともに暮らし始めたとき、母親は彼女の家に来て夫をなじる、叫ぶ、ふたりの写真を破る、など暴れに暴れた。一人娘を「取られた」と思ってさみしいのだろうと思っていたらしいが、彼女が妊娠したことを知ると毎日電話で「堕ろせ」と言ってくる。彼女や夫の職場にまで「娘は堕落した」「この男は私の娘をだましている」などと電話をかけた。

彼女たちは転居をくり返したが、職場をそう簡単に変えるわけにもいかず、何度も泣いたり叫んだり怒ったりの修羅場をくり返した。

いま書いていくと淡々としてしまうが、文字どおり筆舌に尽くしがたいことばのひどいやりとりもあったという。結局は父親が退職をして、母親を「見張る」ということで落ち着いていたが、その母親が病気で入院した。迷いつつも見舞いに行った。小学生の孫の前で、彼女の母親は「あんたのお母さんは鬼だよ。心がない人だよ」と言った。

小学生の娘さんはポロポロ涙を流し、つないだその手はカタカタとふるえていた。そのとき彼女の口から、予期しなかったことばが出た。

「今後、あなたとは一切のつきあいを断ります。さよなら」――。

そしてその母親の葬儀に彼女は行かなかった。夫は「お父さんがかわいそうだから」と言って、子どもたちを連れて参列した。当然座るべき親族の席には他の人が座っていたので、「一般」の参列者として線香をあげてきたという。

このことがいまも彼女を責めているのである。例えどんなことがあっても、死んだら仏様、行ってやるべきだったのではないか、私はおとな気なさすぎる…そう責めているのである。

「親」のうしろの「個人」を…

私は次のように返事を書いた。

「家庭内暴力の果てにある矯正施設に入れられた男性は、施設を出た後、ご両親と一度も会いませんでした。ご両親の死後も、墓参りひとつしていません。まわりから責められたとき、こう言いました。

自分は親にすてられました。それはほんの数年前のできごとです。そこから必死で生きてきました。施設の暴力をかわしながら、脱走しても帰るところがないから、いろいろお金をためて、食べ物の手に入るところを見つけて、文字どおりサバイバルでした。そのエネルギーになったのは親への怨みでした。その怨みを簡単に忘れられますか。それを忘れて親孝行するのがおとなだというのでしたら、私はおとなにならないまま死にます。私が人生で学んだことは形式は要らないということです。そして親と子も形式になっている人が多いのだと、自分の親から教えられました」

彼女とのつきあいはいまも続いている。彼女たちは彼女の父親とは、夫のやさしさでつながっているという。そして彼女は「母の人生を落ち着いて考えてみたい」という。形式ではない母との出会いがあるのかもしれない、なくてもいっこうにかまわないけれど、と、私は思う。

（２００５年５月号）

ベンツで送迎すること?

「あのう、私、小学生の子どもを車で送り迎えしてるんですが、ベンツじゃないから、かまわないですよねえ…」――こんな電話がかかってきた。講演会場でも同じような質問を受けた。

はじめは意味がわからなかったが、5月11日に逮捕された、青森出身の24歳の男性の事件が影響しているとわかった。少女たちを犬の首輪をつけるなどして監禁していたとされる事件で、この若者の生い立ちがウソかマコトか、ことこまかに取りざたされ、そのなかに、裕福な家庭に生まれたこの若者は、幼い頃から母親の運転するベンツで送り迎えされていたという報道があった。それを知って自分も子どもを車で送迎している、大丈夫か? と不安になった人が電話してきたのだ。

不安を口に出すのはとてもいいことだと思う。しかし、不安になる原因に対する認識があまりにも皮相的ではないのか。この事件はまだ真実は何もわかっていないのだが、この逮捕された若者の生い立ちに「問題」があるとしても、それは親に車で送迎される環境で育ったらしいという一面が伝えられただけである。送迎にどんな理由があったのか、わからない。母親は以前に亡くなっているし、逮捕された本人が語ったわけでもない。

ベンツが悪いのか？

ただ私たちは、特に地方の小さな町で、歩いて通える距離をベンツ（という高級車）で、一人息子を送迎する人の気持ちを、無条件に「わかった」と思ってしまう社会に生きている。そのために、私などの年代には想像もできない、冒頭に書いた電話がかかってくるのだろう。

私は「送迎はベンツであろうが軽自動車だろうが代八車だろうが関係ないでしょう。それよりもこの若者があふれるお金とモノのなかで育ったらしいことを、おとなの問題として考えなければならないということでしょう」と言いたかった。しかし、代八車（だいはちぐるま＝8人分の仕事の代わりをするという意味の荷物運搬用の大きな二輪車。2、3人でひく＝広辞苑）なんて言ったってわからないだろうな、この電話をしてきた人の不安に答えたことにはならないなと考えて、次のように言った。「あなたの子どもさんを車で送って行かないといけない理由は何ですか？」

「あのう、こっちの地方には登校班というのがあって、子どもが連れて行かれたりする事件があってから、とても熱心に学校もまわりも取り組んでいるんですが…うちの子、その班の6年生の男の子に殴られたり、お金を要求されたりしていて…学校には言ってくれるなと本人が言うし…体調が悪いということにして、私が車で送迎してるんです」

このことばのなかに、現代社会で子どもが生きることがどんなにしんどいことか、子育てという行為がどんなに迷い多いものか、よくあらわれていると思う。おとなの考える「対策」が結局は子ども社会を蝕むこともここにあらわれている。

私はこう言うしかなかった。「あのね、あなたが気にしてるのは、例のマスコミが大騒ぎしている少女監禁事件のことでしょ？　あの犯人といわれた若者の生い立ちのなかに、母親がベンツで送り迎えしていたというのが報道されて、それで不安になったのね？」

電話の向こうで「そう、そうです。あの人のお母さん、過保護っていわれていて、うちの子もそうなるかもしれないと思うと心配で心配で…」。

登校班のトラブル

「あの事件の報道はまだ本当のことはわかってないと思う。それに、ベンツで送り迎えしていたことと、あなたのケースとは全く別だと思いますよ。むしろあなたは現状で仕方なくやっているわけで、登校班の方の問題を何とかいい方向にもっていかないとね…」

「どうすればいいでしょうか」

「まず、子どもさんと話しあって、このままじゃまずいから担任の先生と話しあうと言ってみたら？」

「息子にそう言ったんです。そしたら絶対にイヤだ、もう1年ガマンすればあの6年生は卒業するから、それまでの間だから、って言うんです」

「でも、その間ずっとあなたが車で送迎ってのも大変でしょう？」

「ええ、正直疲れてしまって…。私、パートで働いてます。子どもの送迎で仕事辞めなきゃいけないかと思うと、それも不安で…。だって、うち、私も働かないと生活できないんですよ」

「それをそのまま息子さんに言えばいい。送ってやりたい気持ちも、でも続けられない状態も、全部正直に言えばいい」

「えっ？　そんな、おとなの都合を子どもに言ってもいいのですか？」

「言っちゃいけないと思ってた？」

「ええ、子どもをおとなの世界に引きずり込んではいけないって、誰か言ってたし…」

子どもに正直に話そう

「あのね、あなたと子どもさんはいっしょに生活してるんでしょ？　だったら子どもは親の生活、生き方、ぜーんぶ見てるよ。おとなの世界って何？　別のところにあるわけじゃないと思うよ。一緒に生きてるんだもの、正直に語ってやらなくちゃ」

2日後、また電話。声がはずんでいる。

「息子に話しました。正直に。そしたら、わかった、明日から登校班で行く。またやられたら、助けてねって言うんです。いいよって言って、そしたら、昨日行ってみたら、6年生の子が〝からだ大丈夫か？〟って聞いてきたらしくて…。そして、今日も殴ることもなくて…。息子はとても元気になって…」

「よかったねえ。相手の6年生の子も成長してたんだよね。この2か月の間に。これからもいろいろあると思うよ。でもね、その度におそれないで、子どもとホンネで話しあうことだよ。それが子どもを成長させるひとつになると、私は思うよ」

その後、この人からは連絡はない。うまくいっているというより、自分たちでやりとりをして解決するきっかけをつかんだのかもしれない。

少女たちを監禁していたとされる若者の生い立ちが報道のとおりだとすれば、若者の母親を「過保護」と責めるのはおかしい。この若者はちっとも「保護」などされていないからだ。おそらく彼はひとりっ子の「大切な長男」として、むしろ「監禁」状態で成長せざるを得なかったのではあるまいか。親たちも、語り得る正直な生活を、裕福ゆえに持ち得ないと思っていたのかもしれない。何とも哀れである。

（２００５年７月号）

少女を3カ月監禁

容疑の男逮捕　ネットで知り合う

インターネットで知り合った少女を3カ月以上監禁したとして、警視庁は11日、札幌市中央区南1条東6丁目、無職[redacted]容疑者(24)を監禁の疑いで逮捕した。小林容疑者は「意味が理解できない。覚えていない」などと容疑を否認しているという。

捜査1課の調べでは、[redacted]容疑者はインターネットのチャットで知り合った兵庫県赤穂市の18歳だった無職少女に「上京しないとやくざを送り込み、お前の家をつぶしてやる」などと言って、昨年3月8日ごろ、東京都渋谷区内のホテルに呼び出した。その後、何度も顔を殴った上、「おまえには見張り役がついている。逃げられない」と脅迫し、同年6月19日ごろまで当時住んでいた足立区の部屋やホテルで少女を監禁した疑い。

この間、自分のことを「ご主人様」と呼ばせ、首輪などで少女を室内につないだままにしたり暴行したりする一方、時には少女を連れて外出することもあったという。食事は与えていたらしい。

少女はすきを見て逃げ出し、衰弱し切った状態でいるところを保護されたという。

[redacted]容疑者は02年、北海道江別市の自宅で01年9月に道内の女性を13日間にわたって監禁したなどとして逮捕され、この女性や別の女性に対する傷害などの罪で起訴された。03年8月、札幌地裁から懲役3年保護観察付き執行猶予5年の有罪判決を受けていた。

2005年5月12日　朝日

それを言っちゃあおしまいよ

「いじめ問題とか不登校とかばかり追っていないで、教科書問題とか日の丸・君が代などの政治課題を追うべきだ」と、私よりは年上の、ある人に言われた。直接言われたのなら反論もできるが、別の人を通して「青木さんに伝えておいてね」という感じで届いた。
その人に対していまさらハラが立つということではない。いつも直接会ったときは「お元気？」などとやわらかい笑顔でつきあい、あとでそういうことばが届くことは、いままでにもあったから、そのことだけでどうというわけではないのである。

『政治課題』とは？

ここで問題にしたいのは「政治課題」ということばのなかみなのだ。教科書問題や日の丸・君が代強制問題は政治課題で、いじめや不登校はそうではないという理由が問題なのだ。

全く別のある集まりで、やはり年配の女性がこう言った。

「子育ての不安とか悩みとか、そんなレベルの低い問題は放っといて…」

このときは私もその場にいたので、「子育ての不安を語りあうことがなぜレベルの低いことなのですか？」と問うことができた。明確な答えはなかったけれど…。

どうも、女・子どもの悩みや不安を問題にするということはレベルの低いことという考え方が、女性のなかにも根強く存在するらしい。とくに自分がすでに子育てを終えた人たちのなかに、いま、そのことで悩んでいる女性に対してこういう冷ややかなもの言いをする人がいる。

「女・子どもの問題」という差別的な言い方は男たちからさんざん聞かされ、そのつど反論しながらも心のなかでは「男にはわからないのだろう」ぐらいの思いはあった。しかし、女たちからそう言われると、感情的になりたくないと思うからなおのこと脱力感に襲われる。感情的になりたくないのは、女は議論ができない、すぐ感情的になるという言い方を意識するからでもあり、女同士で争いたくないという強い思いもあるからである。

女が女を責める

私たちの論理、文化、考え方、話し方、何といっていいかうまく表現できないけれど、意志を伝えるときの言語も、ほとんどは歴史的には男たちが創ってきた。私たち女もいま、自分たちの言語をさがして表現してきてはいるが、まだまだ足りない。

私が意識してしまう「女は感情的」という言い方はとても見えやすい男たちの言語だ。そして「政治課題」も「レベルが低い」も、ある権力や権威を前提とした、そういう意味で男たちの言語ではあるまいか。それをそのまま女たちが、同じ女の活動を〃批判〃するときに使ってしまう、ここに二重になった差別を感じてしまって、私は落ち込む。

「いじめ」は、子どもたちが成績や体力だけの基準で評価されるなか、自分の位置を確認するためにおこなう、とても哀しい友人確認の姿である。子どもたちをエラそうに評価し、序列化する権力に対して共同して怒りをもたない限り、いじめはなくならない。その意味では権力に抗してたたかわなければならない問題である。

「不登校」は家庭が学校に行く準備をしてくれない場合と、準備は十分すぎるほどしてくれるけれど、学校がタテマエの場になってしまって、そこでは全く違う自分を演じなければならないというストレスが原因になっていることが多い。教員や教育行政にたずさわる人や親などのおとなが、弱い立場の子どもを追いつめている大きな状況が背景にある。何よりも学校が子どもを選別する場になっていて、やはりその力に抗してたたかわなければならない問題である。不登校やとじこもりといわれる人たちは、学校以前に親や世間という力に対して、個人という小さな力で抵抗しなければならないのである。「いじめ」も「不登校」も、私にいわせれば極めて重大な「政治課題」である。あえてそういう言い方はしないようにしているが、これらの問題をつきつめていくと、日本の政治状況だけではない、国家とは何か、人間とは何かまで考えなければならなくなる。

その問題の根深さに絶句しながら、それでも何とか言っていかなければと必死で考え、書き、語っている人たちに、自分は一歩上にいて批評するようなことを言ってしまう、その想像力のなさは哀しいと思う。ましてや「子育ての悩みを語ることは低いレベルのこと」などという言い方に至っては、ではあなたは自分の生きてきたこと、してきたことを低いレベルのことと考えるのですね、と言いたくなった。

どこまでもつながって

しかし、寅さんではないが「それを言っちゃあおしまいよ」というのが、私のなかにもある。どんな分野であれ、いまの政治をよくないと捉え、何とかしていこう、憲法・教育基本法を守ろうとがんばっている人たちのなかで、相手をとことんやっつけてしまうことはしたくない。それが「言ったらおしまい」の部分だ。なぜ言わないか。こっち側で争ったら喜ぶ連中がいるからである。

あることばを口にしたかしないかで、その話のなかみを全て否定する人が世の中にはいる。そのことはずっと以前、この欄にも書いた記憶がある。「教科書問題」は政治課題で、いじめ・不登校はそうではないという人も、それと同じところにいると私は思う。私はたくさんの人が言っている部分をまた、あえて私も同じことばでくり返したくないと思う。だから、他の人が言っている部分はそのまま認めて、その上で…と書いてきたつもりだ。「いじめ」も「不登校」も「子育ての悩みを語ること」も、全ていのちを考えることである。いま、地球上で、毎日、どのくらいのいのちが消されているのか、それを考えると、いのちのことを語りあうこと、問題点を考えあうことは、文字どおり地球規模の「政治課題」なのである。

だからといって、それを声高に言ったところでその話しあいの〝レベル〟が高くなるわけでもない。〝課題〟も〝レベル〟も関係ない。とにかくおかしいことにはおかしいと言い、自分を励ましてくれるなかまと出会い、活動を続けるしかない。

ときどき、「それを言っちゃあおしまいよ」とつぶやきつつ、なかまを批判することがレベルの高いことと思いこんでいるさみしい人たちとも決して縁を切ることなく、さらにさらに広げていきたい。あまりにもひどい状況が進んでいて、間にあわないと焦るから…。

（２００５年９月号）

『魂の民主主義』を読んで

時間が過ぎていくということは、こんなにもひとつの「世界」が相対化されていくことなのか——このごろ妙にシラジラとことばをもてあそんでしまうことがある。具体性をもたないことばは使うまいと心がけ、ある概念を表現するのに必ず具体例から入るということをしてきた。しかし、ここにきて、特に憲法について考えるとき、相対化だの、状況だのといったことばを使ってしまう。

日本国憲法はすべての支えであって、基本的人権、主権在民、平和主義等々の具体的実現に向けて、それぞれの場所でがんばって生きるのが、ほんの数年前までの〝当然〟の世界であった。私自身はいまでもその点はちっとも変わらない。けれども、ふと周りを見まわしたとき、その〝当然〟の考え方が少し遠くに行ってしまっていることに気づく。

戦争放棄は楽観的？

たとえばいま20代ぐらいの人としゃべるとき、私が〝当然〟と思って語ることに対して、質問が出てくることが多い。「どうしてそんなに楽観的になれるのですか。世界中で戦争は日常化されているのに、日本だけ〝戦争放棄〟が許されるのですか」など…。「世界中で戦争が日常化しているとしたら、それこそ大問題じゃありませんか。それをなくす方向にがんばろうと、私は思いますが」「戦争をなくすなんて無理です。人間も生存競争を生きているんです。たたかいをなくすのは不可能です」

こんな議論になることがときどきある。

私としては、非常に疲れると思いながら、哲学・宗教の本を引っ張り出して反論する。人間とは何か？ 社会とは何か？ 法とは？ 等々、まるで学生時代に戻ったような「青い」議論をすることもある。

しかしこのごろ、いまの憲法を変えようという人たちの思惑は、こんな「青い」ところにはない、前の戦争を存在しなかったことにしたいというズルさと、兵器を堂々とつくって金もうけしたいという欲望と、理念で飯は食えないという、わかったふうなあきらめと、すべて人間が崩れていくときの見苦しいホンネむき出しなのだと、つくづく思う。「論理」という土俵すらないのである。

いつのまにか距離が

思えば遠くへ来たもんだ、ということばがある。憲法を〝当然〟のこととして、そのなかで語り、出会い、書いてきたあの「世界」は、いまでは望遠鏡の丸いレンズのなかのもののように見える、ぐらいの距離はできているのかもしれないと、思わざるをえない。そんなことはないと言う人がいたらぜひ、そのことを証明してほしい、そう思っていた。

この前の衆議院選からのショックはまだまだ尾を引いている。「そろそろ憲法も考えどき」だとか「善良な保守層を信じる」といった言い方が、私たちの側だと信じていたところからも出始めた。あれれ？　と思うことがけっこうある。こんな風にしてゆっくりと前の戦争も始まっていったのかなと思うときもある。

そういう私を支えてくれた本がある。星川淳著『魂の民主主義』（築地書館）である。日本の戦後のいわゆる平和憲法の出処が北米先住民・イロコイ連邦の平和主義にあること、そこからアメリカの独立宣言も、フランス革命の人権宣言もつながったということをこの本で知り、目からウロコだった。

私は無知にもほどがあると自分を責めたのだが、どこか「近代」とか「知性」はヨーロッパから来た、少なくともそれらをことば化した文化はヨーロッパが出発だと思いこんでいた。それが、おそらく私たちと先祖を同じくする北米先住民(インディアンとも呼ばれた)たちが、長い相互の争いの果てに紡ぎ出した平和主義、あらゆる武器を1本の樹の下に埋めるという行動をとることで示した戦争放棄に、いまの私たちの憲法の根があったのである。

憲法は我々の武器

出処はヨーロッパであろうが先住民であろうが同じ重さにはちがいない。しかし、このことを知ったとき、私は、憲法の本を胸に抱きしめたいと思った。どこかから高い知性として与えられたものではない、苦しめられてきた人たちが、自分たちの苦しみの果てに導き出したものがこの戦争放棄なのだとわかったとき、私にとって長い間抱きしめてきた憲法はまさに、胸のなかに入った、つまり「魂(たましい)」になったと思ったのだ。

この本のなかには憲法に女性の権利を「涙ながらに」書き加えたベアテ・シロタの話も

出てくるが、私がそうだとうなずいた部分を引用する。「改憲を口にする人の多くが、憲法とは国民／市民／人民が政府をコントロールするための指示命令文書であるという近代法の基本を忘れ、憲法に『愛国心を書き込め』とか『権利ばかりで義務が足りない』とか、本末転倒の主張をしている。（中略）憲法とは『天皇又は摂政及び国務大臣、国会議員、裁判官その他の公務員』が守るべきもので、国民は本来、彼ら広義の公務員に『こうしなさい、ああしてはいけない』と命ずる立場なのだ。その証拠に、表題だけ明治憲法を踏襲した第三章『国民の権利及び義務』を見ても、国民の義務といえるものは、憲法が保障する自由と権利を濫用しないことと、納税の義務の二つぐらいしかない。日本人は憲法と聞くと、同じ名前がついた聖徳太子の十七条憲法あたりをイメージしたり、『憲』の字面から『憲兵』を連想したりして、上から下へ命令するものと思い込む傾向がありはしないか。たいていの改憲論は、そんな思い込みの延長で語られているように見える。』（略）

「思えば遠くに」なんか来ているわけにいかない。ことばをもてあそんでいるヒマもない。

「青い」議論を再び！　の気持ちだ。

「戦争はなくならない」という人に対しては、誰がそう言えるの？　それは絶対の真実なの？　戦争は遠くにあるものなのでしょう？　あなたにとって。だって、自分が明日から戦場に行かなければならない、もしかしたら死ぬかもしれないというときにも、「人間も生存競争を生きているのです」なんて言いながら死にに行けるの？　あなたに好きな人がいても子どもがいても、逆にあなたの子どもが明日から戦場に行くことになっても、ずっとそんなこと言える？

感情で表現するしかない。戦争はこわい。その感情が憲法を武器としていままでを支えてきたのだから。我々の唯一の武器が憲法なのだから。

（２００５年11月号）

何でもかんでも「心」の問題？

静岡県で、高校生が母親に「毒を飲ませ続けた」らしいという事件が報道された。その女の子がインターネット上のブログという〝日記〟に、母親の詳しい症状を書いて、いわば公表していたらしいということも報道され、ブログとかインターネットとかから子どもを離せなどという意見もある。

この事件の本当のことは全くわからない。その地域トップの進学校に通う女子高生で、理数系のトップクラスの成績だった、教員たちは「化学に強い、すごい女の子」と思っていたなどと言われた。あたりまえの、どこにでもある、ふつうの家庭の事件だから、よけい子どもの〝心の闇〟がわからないなどと、テレビでコメンテーターがしゃべっていた。

地域トップの進学校の理数系トップクラスの子どもがいる家庭は、「ふつう」ではないのではないか、「とてもよくできる」子どものいる〝特別な〟家庭ではないのかなどと皮肉な言い方もできるが、だからといってこんな事件が起きて当然などと思うわけではもちろんない。ここで問題にしたいのは〝特別〟という認識、逆に言うと〝ふつう〟という認識にどんな意味があるのかということである。

リストカットの写真

ある女子高校生はリストカットをくりかえし、自分の手首の傷をケイタイの写真で撮って多くの人たちに送り続けていた。多くの人たちは「なぜそんなことをするのかわからない」「醜悪だ」と非難した。しばらくしてこの女の子は「誰でもよかった、ここに私がいることを知ってほしかっただけ」と語った。

また別の男子高校生はブログに「私は○月×日、親を殺す」などと書いた。本気なのか、ハッタリなのか、「自分でもわからなかった」という。しかしたくさんの未知の人からの「気持ち、わかる」「ヤメロー」などの反応があって、気持ちがスーッとして「ブログがあって、ボクは助かった」と言った。

こういう話をいくつか集めてみると、その静岡の事件はインターネットとかブログとかの問題ではないこと、誤解を恐れずに言えば、母親に毒を与えたといういわば古典的な〝親殺し〟の問題だということがわかる。つまり、ブログとかケイタイとか、「殺意の公表」とか、リストカットを「公表」するとかの部分に目を奪われると、おとなたちはギョッとして、何か新しい〝特別〟な事件が次々と起きているととらえてしまうけれど、表現の形式が変わっただけで事件の性質はさほど変わらないということだ。われわれおとなの方が元々子どもに「わからない」という思いを抱いている上に、インターネット関連の技術的にも「わからない」ものが重なって、事実以上に「心の闇」と考えてしまっているのではあるまいか——。

ある教員たちの集まりで、「食べ物の好き嫌いではなく、給食を一切食べない子どもがいる」と報告があった。何人かの教員たちが「うちの学校にもいる」と言い、私も何人かそういう子どもがいることを聞いていたので、やっぱり、と思った。

「この背景には何があるのでしょうか。食べないという決意といえばいいのか、その様子があまりにも決然としているので、何か心に問題があるのかと心配になります」と、その教員は話を結んだ。私は言った。

「その子は一日中何も食べないのですか？　それならその子の身体について重大な問題ですが、給食だけ食べないというのなら、何らかの理由があるはずで…」

するとと、他の学校の先生がハッとしたように言った。

「ああ、そうです。うちの学校の子どもの場合は、母親が自然食に一生懸命の人で、子どもに外でいろいろなものを食べてはいけないと常に言ってる人です。それが原因かもしれません」

以前だったら、この発言から話しあいが始まった。いまは、「一切、給食に手をつけない、その背後にどんな心の問題があるのか」から始まってしまう。

先に報告をした教員も言った。

「そういえば、うちの学校の子どもも母親が栄養士をしていて、きちんと子どもの食を管理しています。そして、手作り以外のものは食べてはいけないと言ってきたそうです」

それなら何も、子どもの「心の闇」の問題ではない。学校給食が〝手作り〟ではないという認識、給食は〝自然食〟としては不十分という認識、そのなかで生活する育ち盛りの子どもたちの身体への影響など、この現実から考えなければならないことは山ほどあるが、少なくとも子どもの問題ではない。ましてや「心」の問題ではない。

給食に関して言えば、家ではポテトチップスしか食べない子がいて、その子にとって学校給食のみがいろいろな栄養を摂れる存在であるという、別の角度からの重大な問題もある。家庭で放置状態の子どもにとって、給食が命の綱という側面も、古典的な問題ながら、いま改めて問題として浮き彫りになっている。

子どもを見つめること

地に足をつけた、という言い方がある。いま最も地に足をつけて問題を考えなければならないのは親や教員、つまりおとなたちだ。マスコミ報道にももちろん責任はあるが、そっちの方からの見方に乗せられて、いま目の前にいる子どもが見えなくなっている現実がある。

静岡県の女子高校生の母親を毒殺しようとした（？）と言われる事件も、科学の知識とかブログとかに目を向ける前に、この女子高生がいまとても孤独なところにいるのではないか、学校では？　家庭では？　と、その子の居場所を一つひとつ考えていくべきだと、私は思う。

〝特別〟と思わされているのではないか。すべてを「心」で判断しようとしているのではないか。そもそも「心」なんて、どう問題にすべきものなのか。何でもかんでも「心の闇」と言ってしまえば、すべてがその子の〝自己責任〟になってしまう。

子どもは成長途中で、もちろんおとなも同じで、だからこそ互いに育てあうものだったはず。いつからおとなは「分析者」になってしまったのか。〝特別〟も〝ふつう〟も、どこか高いところから決めつけることば。給食を食べない子がいたら、おかしいと判断する前に「なぜ食べないの？」とゆっくり問うていきたいと思う。

（2006年1月号）

母毒殺図った容疑
逮捕の高1女子、否認

静岡

母親(47)に劇物のタリウムを摂取させて殺害しようとしたとして静岡県警三島署は31日、同県東部の県立高1年の女子生徒(16)を殺人未遂の疑いで逮捕した。母親は意識不明の重体。生徒は「お母さんが中毒になっているのは知っていたが、自分は関係ない」と容疑を否認しているという。

調べでは、生徒は8月中旬ごろから10月20日ごろにかけて、自宅などで無職の母親の食事や飲み物にタリウムを混ぜて殺そうとした疑い。母親は筋力低下や呼吸障害などで意識不明の重体。

母親は8月中旬からじんましんを発疹するなど、徐々に体調を崩し、10月2日に入院した。生徒も母親と同様の症状で21日に入院。家族が不審に思い三島署に相談した。同署が家の中を調べたところ、生徒の部屋から容器に入ったタリウムの粉末が見つかった。

生徒は症状が回復し31日に退院したため、逮捕に踏み切った。自殺しようと自分でもタリウムを飲んだ可能性があるとみている。

関係者によると、生徒は成績がよく、化学や生物の実験などに強い興味を示し、身の回りにいる小さな動物にタリウムを飲ませていたという。毒物を使って親や会社の同僚などを殺害する場面が出てくる小説を読んでいたという。つじつまの合わない供述をすることもあり、県警は精神鑑定も検討している。

また、パソコンで克明に日記をつけており、動機解明につながる記述がないかなども同署で調べる。

県教委の浅羽浩高校教育課長は「予想もしない事件で驚いている。学校と連携をとりながら、動機などの正確な把握に努め、今後の対応を検討したい」と話している。

キーワード　タリウム　毒性が強く、殺鼠（さっそ）剤や農薬などに用いられ、インターネット上でも販売されている。体内に吸収されると、神経や視覚障害、脱毛などの中毒症状を起こし、急性中毒の場合は死亡するケースもある。東大技官が同僚にコーヒーに入れられて中毒死する事件が91年に起きている。

2005年11月1日　朝日

真の子どもの安全のため

左眼が見えなくなってから、講演や取材で出かけるときはいつも夫につきあってもらっている。行き先が学校であるとき、このごろとてもやりにくい。

私は講演を夫に聞かれるのはイヤなので、会場以外のところで待ってもらうのだが、学校のなかで、教員以外のそれなりの年齢の男が存在することに、いま、とても敏感かつ微妙な空気があって、夫は「まさに身の置き処がない」と言う。

学校のなかだけではなく、門のあたりでウロウロと私を待つのも、とてもしんどいと言う。「そりゃあ、オレの人相もよくないのだろうけど、明らかに不審者という目でジロジロ見られるのはつらいよ」と。できるだけ〝不審者〟に見られないように、カメラマン時代は着なかったスーツに、「清水の舞台から…」のつもりで買ったバーバリーのコートなど着て、ちょっと〝高級〟にしてみたものの、いまどきのヤクザ関係の人はブランド物のバッグを持っていたり〝高級〟な人も多いので、かえって怪しまれたりするハメに…。

私も申し訳ないので、行き先が学校のときは事前に担当者に率直に話して部屋を用意してもらったり、夫に駅のほうで待ってもらったりしているが、それにしてもこの「不審者探し」の騒動は、何ということか——ため息が出る。

児童館職員も怪しい？

東京都内のある児童館職員の男性が、子どもたちを自宅まで送ることになり（それも「子どもの安全のため」ということで決まった。職員数は増やさないままだから大変だ）、5、6人の小学生と夕方歩いていたら、まわりのおとなたちがジロジロ見る。明らかに不審という目だったので、わざと大声で子どもたちに「今日、児童館では楽しかったなあ」と話しかけながら歩いたという。「何か、みじめだなあ。何かバカらしくて、そのうち、〈児童館職員〉なんて書いたゼッケンとか腕章とかつけたりして…」と、その人は笑った。さみしそうに見えた。

幼児をもつある若い父親はもっと大変だった。この人はひどい花粉症で、目にはゴーグル、口・鼻には大きなマスクをつけている。夕方、そのままのファッションで「ついうっかり」公園にいる子どもを迎えに行った。子どもに声をかける前からまわりからはジロジロ、ヒソヒソ。子どもさんが「パパー!」と飛びついてきても、それでも不審の目はなくならなかったという。

2月17日、滋賀県長浜市で、幼稚園に送っていく途中の園児の母親でもある女性が、わが子以外の園児2人を刺殺したという事件が報じられた。私は詳しい情報もないまま、「ああ、やっぱり…」とつぶやいてしまった。いま、幼い子を育てている若い母親たちの間の人間関係のつくり方にとても難しい面があることを知っていた。母親同士の「人間として」のつきあい方の問題の上に、わが子を競争の材料と感じてしまう風潮があるから、なおのこと、この部分に危機感を抱き、そのつもりで書いたり語ったりもしてきた。

根は異なる事件なのに

母親たちの置かれた現実に立って「対応」してほしいと思っているけれど、これらの母親たちの現実は「未熟」とか「おとなになりきれていない」など、評価を含む精神論でくくられることが多い。いわゆる「昔の親はもっとしっかりしていた」といった論である。この論にも反論したいが紙数が足りない。ここでは、「いまの若い母親はとにもかくにもホンネでしゃべれる場が少なく、ストレスいっぱいの状況にあるのが現実」ととらえて、役所や管理職の人たちには対応してほしいと思う。

私はこのように、長浜の事件は親たちのストレスに大きな原因があるととらえたのだが、びっくりしたのはこの事件を、去年いくつかあった幼い女の子への性犯罪の事件と同列に置いたマスコミの報道だ。「もう誰を信じていいかわからない」とか「またもや幼児襲われる」とか、ただ被害者が幼児だったという一点のみで「子どもの安全」に対するかけ声がワッと高まった。そして不審者探しが、また始まったのである。

だいたい、子どもの安全を守れ！　といいながら、そのための予算的な措置はほとんどなく、教員や保育士は安全のための会議に追われ、「安全のために何ができるか考えなさい」とレポートを書かされる。そのレポートに追われた小学校の教員は「そんなもの書いているヒマがあったら、子どもを見送りたいと思うのですが、そういうことを口にすることもできない雰囲気で…」とつぶやいていた。

子どものたくましさ

そんな騒ぎのなか、私は石川県に出かけた。新幹線で米原まで行き、特急しらさぎに乗り換える。間もなく停止した駅は「長浜」。早春の陽のなかに広がる田んぼを複雑な思いで見つめた。殺された子どもたちにはもちろん、残された加害者の子どもにも祈りたいような思いがあふれた。

列車は長いトンネルに入った。私は「トンネルを抜けると雪国だったりして」と、隣の夫に冗談を言ったのだが、そのとおり、トンネルを抜けた敦賀、武生はまだ真っ白な雪の世界だった。

ぼんやりと外を見ていると、雪がまだ両側に積もっている道を、小学生がひとりで歩いている。杉がびっしり並んだ森の前の道を、赤いランドセル、ズボンに長ぐつ、傘をたたんでクルクル回しながら、歌でも歌っているのだろうか、ひとりだけれど楽しそうにズンズン歩いて帰っているらしい。時々、うず高くまとめられた雪の山で見えなくなるけれど、その子は山のほうにあるだろうわが家に向かって歩いていると私は思い、じっと見送った。こんな道で誰かに襲われたら、どうしようもないだろう。過疎の現実は都会の人や政治家には見えないだろうし、見ようともしない。

子どもの安全は、この国の政治のあり様や、おとなの暮らし方、意識などを根本から変えていかなければ、ほんとうには守ることはできない。そして、そのためには大きなエネルギーも必要だ。そんなもの出す気のない人が、安全、安全と、わめく。

何もかもいっしょくたにした論に乗りたくない。冷静に、そして真の安全を言うのはどこから、どんな立場から言うべきかなど、考えたい。たくましく雪道を歩く女の子は、遠くを走る列車のなかの私を力づけてくれた。

（２００６年４月号）

2児刺され死亡

別園児の母逮捕

殺人容疑　登園付き添い中

滋賀

17日午前9時すぎ、滋賀県長浜市相撲《すまい》町の路上や川付近で「子ども2人がナイフで刺されたような傷を負って倒れている」と通行人の男性から119番通報があった。2人は同市立神照幼稚園の園児で、女児の同市新庄寺町の[redacted]ちゃん(5)は病院に運ばれたが間もなく死亡が確認され、同、男児の[redacted]ちゃん(5)も正午ごろに死亡した。それぞれ約20カ所を刺されていたという。県警は2人を車に乗せて幼稚園に向かった同級生の母親の行方を捜していたが、現場から南西約50キロの大津市真野の湖西道路真野インターチェンジで母親の車を発見。2人を刺したことを認めたため、殺人容疑で緊急逮捕した。

＝18・19面に関係記事

逮捕されたのは長浜市新庄寺町、[redacted]容疑者(34)。県警は、[redacted]容疑者の身柄を長浜署に移して取り調べているが、放心状態でほとんど聴取に応じられない状態だという。

調べによると、[redacted]容疑者はこの朝、自分の娘と[redacted]ちゃん、[redacted]ちゃんの3人を軽乗用車に乗せ、幼稚園へ送っていく途中だったという。犯行後そのまま車で琵琶湖東岸を北上し、西岸の高島市などを通って大津市まで走行したとみられる。

発見されたときは[redacted]容疑者の娘は車の中にいて無事だった。[redacted]容疑者は「子どもを刺しました」と容疑を認め、車内には2人の園児のものと見られる血痕があり、犯行に使われたとみられる刃物も見つかった。このため、県警は2人を刺し、現場付近に放置した後、娘を連れて逃げたと見ている。

調べでは、[redacted]ちゃんは路上に寝かされた状態で見つかり、[redacted]ちゃんは近くの用水路の中に横向きに倒れた状態で見つかったという。県警は[redacted]ちゃんを刺した後、用水路に投げ込んだ疑いもあるとみて調べている。

[redacted]容疑者は夫と娘の3人家族。死亡した2人の園児の近所に住んでいた。神照幼稚園（中川明園長）は、発見現場から約1・5キロ離れており、園児は約200人。現場は、長浜市と旧びわ町（2月13日に長浜市と合併）の境近くの水田地帯。

園児2人が倒れていた現場を調べる捜査員たち＝17日午前10時54分、滋賀県長浜市で、本社ヘリから、青山芳久撮影

2006年2月17日　朝日

国会議事堂の前で思う…

ついに教育基本法（教基法）改「正」案が国会に上程された。その日（4月28日）夕方、私は国会前の抗議集会の輪の中にいた。思ったよりたくさんの人が参加していて少しホッとしたが、ライトアップされた国会議事堂を眺めながら、とうとうここまで来てしまったという思いで、胸がつまった。

1983年末、当時の首相であった中曽根康弘は「戦後の総決算」を言い、それまでの中央教育審議会とは別に臨時教育審議会（臨教審）を設置した。そして「教育の荒廃」というマスコミのキャンペーンを利用し、「教育問題」で選挙に勝った。

荒廃しているのは誰？

この「教育の荒廃」の中に、同年2月に横浜市で明るみに出た、少年たちによるホームレス殺傷事件もあったが、5月に明るみに出た戸塚ヨットスクール事件も含まれていた。少年たちが起こした殺人事件を「荒廃」というのは、わからなくはない。問題は、戸塚ヨットスクール事件で「荒廃」していたのは誰なのか、何なのかということだ。

奇しくも戦後の総決算として教基法改「正」案がはっきりと政治日程に上った翌日、戸塚宏校長が服役を終えて出所した。再びヨットスクールを経営している。同スクールを「支援する会」の会長が、日の丸・君が代の強制で知られる現東京都知事である。

1965年からの、当時の中央教育審議会の答申（期待される人間像）で明らかになった、戦後の財産である平和憲法、教育基本法をなし崩しにしていく意志と、20年ちょっと前からの臨教審によって示された、さらなる戦後の総決算への意志の集大成として、今年の教基法改「正」案国会上程がある。つまり実に40年以上も前から、ということは戦後すぐの頃から、敗戦という事実を消したかったであろう人たちの意志で、憲法も教基法も虫食いにされてきたのである。

ウソで固めた教基法改「正」

この、長い時間にわたって、そう、それは執念とも言っていい意志によっていまの改「正」

の動きがあるのに、政府はそれを隠す。教基法を変えるのは、「世界情勢にあわせる」ためであり、「時代の要請」だと。

5月8日、文部科学省は教基法改正推進本部を設置した。ひとつの法案のために推進本部をつくること自体、めったにないことだという。その初会合で、小坂憲次文科相はこうあいさつしたと各紙が報じた。

「時代の要請を受けて、教育の目的となる理念を設け、改正に向け省内一丸となって…」

——ここでのウソは2つ。ひとつは「時代の要請」ということば。戦後すぐから始まった改正への意志は、現代という時代の要求であるかのようにすりかえられている。もうひとつのウソは「教育の目的となる理念を設け」という言い方。現行教基法が掲げた「個人の尊厳」が気に入らないから、それを消して「愛国心」を掲げたいのが改正派の真の目的なのに、この言い方ではまるでいままで教育の目的となる理念がなかったように聞こえる。

私は「教育の目的となる理念」なんて要らないと思っているけれど、これまでの教基法は戦前の教育勅語を変える理念でつくられたのだから、とても大切なものと思っている。

文科省でこんなウソに満ちた会合が開かれた同じ日、名古屋市にあるひきこもりの若者を〝支援する〟NPO法人「アイメンタルスクール」の代表等7人が、26歳の男性を死亡させた容疑で逮捕された（マスコミはこの施設のことを「ひきこもりの若者を支援する」

と表現するが、実態は支援ではないと思うので、支援ということばを〃〃でくくった)。

「教育」の名で殺される

20年前の戸塚ヨットスクールと同じ現実がここに顔を出した。アイメンタルスクールについてはまだ詳細はわからないけれど、ひきこもりとされた若者が、「親からの依頼で」、施設の職員に引きずり出され、運ばれ、監禁され、結果的に「殺された」ということらしい。

こういうことを本来は拉致というのではないか。あるテレビ局のニュースは「連行」といったが、別のテレビ局は施設の元職員という人を取材。その人はこういう行為を彼ら自身が「らち」と言っていたと語っていた。

「暴力に苦しむ家族を助けるため」とか「何よりも苦しむ本人を自立させるため」とか、この「らち」は正当化されている。私自身、20年前の戸塚ヨットスクールの事件を批判したとき、「じゃあ、あなたは、いま、家庭内暴力で苦しむ家族に何をしてくれるのですか」と言われたことがある。この言い方はいま、あらゆるところでまかり通っていて、死刑廃止運動という極めて深い哲学的意志が、被害者感情の前で立ち往生させられる現実もある。

しかし、やっぱり、しかし、私は「感情」を大切にする人間だと思っているけれど、この「いま困っている人をどう助けられる」とか、被害者感情とかの前で立ち往生はできない。もし被害者感情を大切にするのなら、「らち」された若者の被害者感情はどう保障されるのですか、と言いたいところだが、同じ土俵になってしまうから、それは置いて、「教育」「しつけ」の名で人間を監禁し、拉致し、死なせることは許されないということを言うしかない。

この部分が実はとても不明確で、教基法改「正」に利用される。子どもが育っていく途中に見せる感情、荒れ、場合によっては暴力を許せない、あるいは怖いと思っている親・教員、つまりおとなはとても多くなっている。「子育て不安」とか「思春期の子を抱えた親の苦しみ」と表現されたりするが、実のところは子どもの表現の激しさを怖がるおとなが増えているということ。

背景には、いま子育て中のおとな自身が、幼い頃に感情の発露を禁じられたこと、子どもの意見表明は感情であることが多いのに、子どもは黙って従えという暴力的な思想的・政治的背景があることなどが考えられる。事実、「アイメンタルスクール」のニュースが伝えられた日から、私のところには子どもの〝暴力〟についての相談が増えた。「クソババァと言った」中学生や「ドアを蹴った」高校生に不安がる人たちだ。

そういう人たちに思春期の子どもの当然あり得る姿だと語りながら、私たちがもっと心配し、怒らなければいけないのは、こういう子どもの感情の表現さえ、「教育の荒廃」として利用していく政治、「子どものため」といって子どもを拉致し、監禁する思想ではないのかとも話している。

（2006年6月号）

「奈良の少年」は過保護？

「やっぱり過保護なのでしょうか」――6月20日、奈良県田原本町の医師宅に放火したのがその家の16歳の長男だったという事件について、問いあわせてきた人がいる。長男は県下有数の中高一貫進学校の高校1年生で、小学校時代は「百点をとらないと周りの子どもが驚く」（06・7・3付『アエラ』）ほど、成績の良い子だったという。

しかし、その成績を維持し、「将来は医者になる」べく道をつけられ、父親から「成績が悪いと殴られた」生活を続けてきたらしいこの少年の、どこが「過保護」なのか？

私は答えに詰まった。「どうしてこの少年の状態が過保護といえるのですか？」と問うと、問いあわせてきた人は「子どもの進路まで親が決めて、そこに到達できるように手取り足取り、勉強まで親が見てやるなんて、やっぱり過保護と言えるのではありませんか」と言う。

むしろ「虐待」

この人は多少なりとも子どもの問題に関心をもち、調べたり書いたりもしている人だが、子どもという存在をどう見るかで、私とはあまりにも違いがあって、私は次のことばがサッと出なかった。一生懸命に「でも少年の側から考えたら、将来まで決められ、成績が悪いからと殴られ、おそらくずっと勉強ばかりしてきた子ども時代を過ごしてきたと想像できるけど、それって、過保護というより〝虐待〟に近いように、私には思えるけど」と言った。

すると、「それは青木さんの甘さだ。いま、現実にはいい学校に進んだ子の方が将来の安定は確実に得られるし、それを得るためには他人より努力しなければならないのは当然でしょ。親の方が現実を知っているのだから、子どもにそういうやり方をするのは許されないことじゃないと思う。ただ、ある程度の道を与えたら、あとは本人の努力なのだから、それ以上やるとやっぱりそれは過保護と言わざるを得ないと思います」と言う。

この人の〝論理〟は、時々スリ替えられることがあるので、私はさほど驚かない。「甘さ」とか「親の方が現実を知っている」とか「道を与える」とか「本人の努力」とか、ことばを捉えていけばいくらでも反論したいが、この人と「語りあい」たくはない。この人はよく「語りあいたい」と言ってくるが、私はウソばかりついて逃げている。何時間語っても、わかりあうことは困難に思えてしようがないのである。

親までが教育者に

この少年の置かれたところを「過保護」と表現する人は意外に多い。親は子どもを指導するものと思いこむ人は多いのだ。「指導」ということばを「導く」と言ったり、「しつける」と言ったりするけれど、要は親の意志どおりにしようということなのだ。そしてそれを「育てる」ことと思っていたりする。

私は、親は子どもに何も言ってはいけないなどと言うわけではない。時々そういうとられ方をするのでしんどい。子どもに「他人の物を盗ってはいけない」とか、「弱い者いじめは許されないことだ」とかは言ってほしいと思う。言ったから「ハイ、わかりました」とはならないのが子どもだが、言うべきは言ってほしいと思う。

しかし現代は、親が口出しする分野が「受験勉強」になる傾向が強くて、「いい大学」(どこにあるの？　と問いたくなるが…)から逆算して、「いい高校」「いい中学」になり、結局は小学生時代からそっちに向かってまっしぐらという道を、子どもが歩かされてしまう。

私は、ここが一番怖いと思っている。

どんなに考えても、子どもの勉強を親が見張り、成績が悪いと殴るやり方を「過保護」とは思えないけれど、百歩譲ると、「子どものためを考えすぎる」という意味なのかもしれない。受験勉強は「いまは苦しいけど、あなたの将来のためなのよ」と本気で子どもに言う人は多いから。おそらく奈良の少年の父親も、心の底から「これはこの子のためなのだ」と思っていたと想像される。

私のところに寄せられる質問に、「私立中学はいじめがないと聞きました」とか、「私立の学校を出た子と公立を出た子のその後の人生がどう変わったのか、そういう調査はされていないのですか」などがある。ここ2、3年、東京近辺ではとても多くなっている質問だ。

子どもの時間を奪うな

「私立であろうと公立であろうと、いじめはあります。むしろ表面化して解決に向かうのは公立が多いです」とか、「そんな調査は知りません」とか答えるが、自分の胸の底で一番言いたいことは、「私立であろうが公立であろうが、はたまた一切学校に行かなかろうが、問題はそんなことじゃありませんよ。一番の問題は、受験の準備のために、その子の人として一番大切な子ども時代が奪われることです。子ども時代というのはその人の一生を形造ると言ってもいいほど、一人ひとりにとって大切なものです。そしてそれは具体的には『時間』なのです。子どもが自由にできる、自分の『時間』、その積み重ねが子ども時代だと思うのです。受験の加熱はその子の子どもとしての『時間』をそっくり奪うから、重大な子どもへの権利の侵害なのです」ということ。しかし、これを短いやりとりのなかで上手に表現することができないので、呑み込んでしまうことが多い。

この奈良の少年の事件でまだ世間が騒いでいた6月末、東大阪市の21歳の大学生たち数人が、岡山県下の町の同年代の若者たち数人とのトラブルの結果、2人の若者が生き埋めにされて殺されたという事件が明るみに出た。奈良の少年が自宅に放火したその前夜に、若者が岡山で「生き埋め」にされていたわけで、何とも胸がつまる。

7月2日付「東京新聞」によると、この岡山での事件の実行犯とされるAという若者に「けしかけた」のは、小・中学校の同級生で「成績も優秀で県内有数の進学校から（有名）大学に進んだ」Bという若者だという。Aは自首、Bは逮捕された。そしてBは「現場にいただけ」と、関与は否定しているともいう。

真実がわかるのはこれからだろうけれど、ここでまた「県内有数の進学校」が登場する。有数の進学校に進めばそのまま「何の問題もない」人生を歩めるわけではないことは明白なのに、「現実を知っている」親が、子どもの時間を奪ってまで受験勉強させることをやっぱり「保護」ということばで表現するのだろうか。おとなはいつになったら目を覚ますのだろう。

（2006年8月号）

全焼、母子4人不明

奈良の医師宅　焼け跡に3遺体

20日午前5時17分ごろ、奈良県田原本《たわらもと》町阪手の医師、[redacted]さん(47)方付近から出火、木造2階建て住宅延べ約200平方㍍を全焼した。火は約40分後に消し止められたが、焼け跡から成人女性と男児、女児とみられる計3人の遺体が見つかった。[redacted]さんの妻子4人が在宅していたとみられ、田原本署が身元の確認を急いでいる。

調べでは、吉川さん方は5人家族。遺体は、妻で老人保健施設「サンライフ田原本」施設長の医師[redacted]さん(38)、次男の小学2年[redacted]君(7)、長女の保育園児[redacted]ちゃん(5)とみられる。ほかに高校1年の長男(16)の行方が分からなくなっていることから、同署が周辺を含めて行方を捜している。

[redacted]さんは三重県伊賀市の民間病院「岡波総合病院」の泌尿器科部長で、出火当時は当直勤務をしていた。2階の床が焼け落ちた状態になっており、3人は2階で寝ていた可能性が高いという。この付近の住宅はプロパンガスを使用していたという。

東隣の住人が「ボン」という音を聞いて外に出ると、[redacted]さん方の台所付近から激しく炎が上がっていたため119番通報した。

2006年6月20日　朝日

友に育てられた修学旅行

今年の8月、私は60歳になった。還暦というわけだ。友人たちからの暑中見舞いやら、誕生祝いのなかに「めでたくもねえか…」なんてのもあった。ほとんど同級生だから「お互いさま」と返事をした。

あっという間の年月だった。そして、自分の受けた学校教育の大半が40年も昔のことになったことをあらためて知った。

以前から、「昔のこと」は話したくなかった。「いま」の子どもたちのことを語るとき、「現代」の親たちの有り様を書くとき、比較の基準を「昔」に求めたくなかった。「昔の親はもっとガマン強かった」などの言い方は、私の最もきらいなものだった。

40年たてば「歴史」

ところが、40年というひとまとまりの時間は、ときの流れというよりは「歴史」になってしまうのだということを、ある体験で感じた。私が中学校で体験したことを小さな会で語ったとき、「ええっ、ウソーッ」「信じらんない」「そんな学校、あったんですかー」という反応が返ってきたのだ。

その話が中心の会ではなかった。ついでのように話したことが、私より20歳から30歳ほど若い人たちにとっては、全く別世界のような話だったのである。その事実に私はびっくりした。

以来私は、いささかオーバーに言えば歴史の証人のような思いで、次のような体験をしゃべることにした。この連載のなかではかつて触れたことがあったかもしれないが、あらためて記録したいと思う。

60年代の初め頃、私は高知市の公立中学校3年生、家庭的には苦しさを抱えながら、学校では〝優等生〟を演じていた。

関西地方への修学旅行を前に、クラスでよくできる生徒の私と、ナンバー2のもうひとりの女子生徒（Aさんという）が担任に呼ばれた。

クラスにはBちゃん、Cくんという〝問題児〟がいた。Bちゃんは長時間じっとしていることができなかった。自分の気になるものが見つかると、授業中だろうと、バスのなかだろうと「ワーッ」と大声を上げて、そっちに行こうとする。Cくんは詳細は覚えていないが、誰とも口をきかない。そしてやはりBちゃんと同様、マイペースで動く生徒だった。先生の目を盗んでタバコを吸ったり、ときには他校の生徒とケンカしたりするかもしれない〝問題児〟は他にいた。Bちゃん、Cくんはそういう〝問題児〟ではないけれど、団体行動は困難な思いを抱かせる生徒だったのである。

「いっしょに行きたい」

担任の先生は言った。「BもCもみんないっしょに修学旅行に行きたい。たのむ。BとCを同じ班でめんどうを見てほしい」——。

Aと私はうなずいた。しかし、その帰り道、Aは怒った。「私だって、旅行を楽しみたい。どうして私たちだけがあの2人をめんどう見なければいけないのか。納得いかない」。そう言って彼女は部活を休んで家に帰ってしまった。

放課後、私はAの家を訪ねた。そして懸命に説得した。「もし、うちらが断ったら、BもCも旅行に行けなくなるかもしれない。何とかやってみようよ」

いろいろあったが結局、Aは了解してくれた。集合場所ではB、Cの親からも「よろしくお願いします」と頼まれ、いまから思うと私もAも緊張していたと思う。「ハイ」という声も出なくて、早くもどこか行ってしまいそうなBちゃんのリュックサックの肩ひもをつかまえて、うなずくばかりだった。

Bちゃん、Cくんの「めんどう」は想像を超えた。天王寺動物園にも行ったのだが、私はどの動物も記憶していない。いなくなってしまったBちゃんをさがして、Aや先生や他のクラスメートと共に走りまわっていたのである。

私は汗びっしょり、まっ青な顔をしていたと、後でAが言った。そういうAも肩で息をしながら、担任や他の班の生徒に「すみません、すみません」と言いながら、走りまわっていた。

モノを言わないCくんが、Bちゃんを見つけてきた。集合時間ぎりぎりだった。私は安心したのか涙が出てしまった。するとCくんがモノを言わないまま、頭を下げた。それを見て私はまた泣いてしまった。

班長である私は泣いてばかりだった。しかしAはよくがんばった。夜は男女別々に寝るわけだし、Cくんは担任のふとんにもぐり込んでぐっすり寝ていた。私とAは、Bちゃんの腕にヒモを結び、それをそれぞれが自分の手に巻きつけて寝た。さすがに疲れていたのだろう、Bちゃんはまっ先に眠ってしまって、助かった。

法隆寺でも、石山寺でも、同じことをくり返した。だから私はずっと後になって法隆寺を訪ねたとき、「初めて来た」と思った。全く寺なんて見ていなかったのだ。

心から楽しかった旅行

いまから思うと長いと言える4泊5日の旅行を無事に終えたとき、私とAは疲れ果てていた。解散場所でBちゃんとCくんの親に2人を「渡した」とき、心からホッとした。担任からは「ごくろう」のことばもなかった。しかし、それを特に不満には思わなかった。

その後、クラス会のたびに、この旅行の話が出た。一番うれしそうに語るのはA、そして楽しそうにうなずくのはやっぱり口数は少ないけれど、しゃべるようになったCくん、「どこにも行かないで」家業を継いで落ちついたBちゃんだ。

Aと話した。一番いろいろなものをもらったのは私たちだね、と。Aは「あのとき私は、自分のことだけしか考えてなかった。あのままだったらきっとさみしい修学旅行だった」と言った。

この話がいま、「ウッソー」と言われてしまう。その現実に私はガクゼンとする。

信じられないほど細かく「障害」が語られ、「早期発見」などということばで子どもが早くから「分けられ」ていく現代だったら、私はBちゃんやCくんと出会えなかったかもしれない。Aという親友とも出会えなかったと思う。

45年前の話だけれど、時代の流れのなかに流してはいけない話だと、私は思う。人間の社会では流してはいけない意志というものがある、と60歳になって再確認する。

（2006年10月号）

「いじめ」と愛国心

学生時代から演劇が好きで、大学時代がちょうど鈴木忠志や唐十郎の時代だったこともあり、さまざまな芝居を見てきた。しかし、しゃくりあげて泣くほどの場面はいままでなかった。今回初めて、私は一番前の席（片眼が不自由になってから、芝居は一番前じゃないと見えない）で、あふれる涙を押さえるのに苦労した。青年劇場第92回公演だ。

演目は梶山季之原作、ジェームス三木脚本・演出の『族譜』。時代は１９４０年頃、舞台は朝鮮京畿道水原郡の地主宅。創氏改名を迫る日本政府に、「名前を変えることは私を消すことだ」と抗議する主人公・薛（ソル）氏。娘や孫にまで及ぶ、日本政府の「いじめ」の中で、とうとう屈していくかに見えた薛氏（演者・青木力弥）が、倒れ、クックツと笑っているようにも泣いているようにも見えた中から、立ち上がり、ゆっくりと「アリラン」を歌い始める——はじめはかぼそい声から、とうとう朗々たる叫び声にまでなっていくその歌、それを聞いたとき、私は押さえ切れなくなってしまった。

死を覚悟した歌

その歌の翌日、薛氏は大きな石を抱いたまま古井戸の中に身を沈め、死んだ。遺書も何もなかった。歌を聞いて、その先のストーリーも全く知らないまま、これは死を覚悟した歌だと感じた演技を、私は初めて見た。民族の哀しみ、怒り、それらがそういうことばを使わないでふつふつと伝わるのも初めて体験した。演劇の力というものを感じた。

この芝居はいま、妙に臨場感があった。私はこれを見た2、3日後（11月8日）に、教育基本法改「正」や少年法のさらなる厳罰化に抗議するための国会前行動に参加するつもりでいた。参加者みんなで手をつないで国会を囲むヒューマンチェーンのとりくみであった。

当日、参加は2千人を超えたと11月9日の「東京新聞」は一面で報じた。私は前日の夜から発熱して、この行動そのものには参加できなかった。しかし芝居を見た夜、今がんばらねば、いま、一人でも声を上げなければ…と、疲れた老体を励まし続けていたのである。

この芝居の中で得たものは2つ。1つは「強制」の意味。創氏改名を迫る日本政府の役人は、「強制してはいない。朝鮮人の自発的な気持ちを望む」と、何度もくり返す。力を持つ者が「望む」と言ったとき、それはそのまま「強制」になるのに、ことばとしては「望む」（あるいは「望ましい」）としか言わないから、強制してはいないという言いまわしは、小泉前首相や安倍首相の言い方そのものだ。日の丸・君が代を教育現場に「強制」するのも同じやり方である。

どこにもある「愛国心」

2つめは、自殺した薛氏の娘のセリフに出てくる。

「日本人はふだんは優しい、礼儀正しい人たちだ。その日本人がとつぜん狂暴になり、恐ろしい人たちになる。それは〝愛国心〟というものを耳にしたとき…」

そのとおりだと思った。今回の教育基本法改「正」のたった1つの目的は、法の中に〝愛国心〟を盛り込むことだ。そのまま〝愛国心〟とは入れられなかったにしても、「伝統文化を尊重し、郷土と国を愛し、国際社会の平和と発展に寄与する態度の涵養（案）」などとなりそうだ。

ここで、改「正」派にとって重要なのは「伝統」「尊重」「郷土と国」「愛する」「態度」のことばだろう。特に「愛する」「態度」は、私が芝居を見て感じた1つめの「強制」と重なる。「決して強制ではない」と言いながら、日の丸を仰ぎ見るときの首の角度や君が代を歌うときの姿勢が「態度」として判断される。事実その「強制」は東京都ではおこなわれてしまっている。

それにしても「愛国心」ということばで、なぜそんなにも残酷にも狂暴になれるのか、それが一番の問題だ。愛する相手が国でなくとも、学校や家族や、「みんな」のためといったとき、かなりのことをやってしまうことはいままでいくつか見てきた。

女子高生が門扉に挟まれて死亡したとき、押しかけたマスコミに対してその学校の生徒たちが〝抗議〟したことがあった。マスコミのあり様を行き過ぎと思うことは私もあるけれど、このときは「わが学校を守れ」という雰囲気で、私には異様な姿に見えた。生徒が亡くなった女子高生の側にいない、それよりも学校を批判することを許さない、そんな姿に見えた。そして、ここにも一種の〝愛国心〟を見てしまうのである。

自分を消す無責任

「いじめ」を受けた中学生が自殺した。そのとき、「いじめ」の完成、と拍手が上がったという中学校もあった。教員からその話を聞いたとき、リツ然としたが、この中学生一人ひとりがその子の死を「喜んで」いたとは思えない。その場の空気、そのムードというものに乗らないわけにはいかないのだろうと思った。そしてその底には、空気に従わなければ次のターゲットは自分という恐怖心があるのだろうと思った。

〝愛国心〟は、私という個人の対岸に存在する。個人の力が弱いとき、私たちはすぐ「みんな」のためとか、「街」のためとか「家族」のためという言い方にからめとられてしまう。そこがなくなったら私も生きていかれないと思ってしまうからかもしれない。

女子高生が死んだのはつらいこと、しかし、だからといってマスコミに責められ、この高校の名前が不名誉な形で全国に広がるのは耐えられない、学校のために、ひとりの死は見ないことにする、そういうことだったのかもしれない。

「いじめ」による自殺で、自分たち全員が責められるのは冗談じゃない、やってたのは一部、でもチクることはできない、だったら「みんな」の中に溶けていこう、ということかもしれない。

私は、これを退廃だと思う。どこまでもズブズブの無責任態勢の中で、誰もが悪くない、ひどい人は誰もいない、しかし、「みんな」の外の人には人間とは思えないほどのひどいことをしてしまう――。

戦後50年、きちんと戦争の加害者の部分を見つめてこなかったことが、いまの「いじめ」につながる。それなのにまた、「いじめ」を利用して戦争への準備を始めようとする人たちがいる。日本人に「アリラン」のような歌はあるのだろうか。あったとして歌えるのだろうか。

（２００６年12月号）

空気を読まない　いごっそう

柳沢伯夫厚生労働大臣の「女性は産む機械」発言で一時、世間はさわいだ。さらに2月6日、同じ大臣が「若い人たちは、子どもを2人以上持ちたいという極めて健全な状況」と述べ、またちょっとさわいだ。

どこかの街の飲み屋で、どこかのおじさんがしゃべっているのではない。一国の、しかも少子化対策を考える責任のある省の大臣が言ったのである。当然、責任をとって辞める、あるいは任命した総理大臣が罷免する事柄だと思うのだが、事実はそう動かないでいる。

言った本人自身、どこがおかしいのかわからないと思っているのだろう。それほど、事の問題性がわかっていないのだろう。また多くの男性たちも、はじめの「機械」発言は「女性に対して機械に例えるのは失礼だ」程度の理解はあっても、2度目の「健全」発言に対しては、「そこまで言うとことば狩りだ」（2月7日、ワイドショーでのあるコメンテーターのことば）になってしまうほど、わかっちゃいないのである。

独身のわが親友ははじめの発言に対し「子どもはおろか、結婚もしていない私は機能不全以下なのかね」と笑っていた。ひとりっ子をやっと出産できた私と夫は、2回目の発言に対して「うちらは子どもはひとりだから不健全になるんだね」などと笑った。しかし笑っていても心のなかはものすごく不愉快で、結婚する・しない、子どもを産む・産まない、産んだら1人・2人・3人――こんなことをいちいち誰かに「評価」される筋合いは全くないのにと思っていた。冗談じゃない。発言の良し悪しではなく、政治家が、しかもその問題の担当大臣が、女性の産む・産まないに「評価」を加えることが重大問題なのに…と、ハラが立った。

審議拒否も不評

しかし、これに対してとった野党の国会審議拒否という手法は、評判がよくなかった。そのころ参加していた教育関係者の集会でも、ＰＴＡの講演会でも、「審議拒否なんて、その間に結局どんどん決められるんだから、やめた方がいい。古くさい手法だ」といった声があった。以前〝牛歩戦術〟がとても不評だったなと、思い出した。

かといってどんな手段があるのでしょうねと私は言ったのだが、審議拒否への批判は、

「拒否しても仕方ないのに」という敗北感よりも、もっと生理的なところから出ているように思えてならない。うまく表現できないが、何か事が起きて、それにいち早く反発する動きがあると、その動きそのものをやはり素早く抑え込もうとする感情のようなものを感じるのである。

イラクで3人の日本人若者が人質になったときも、このときは当時の首相・小泉の発言も大きな作用をしたけれど、一時も早く自衛隊のイラク撤退を、という家族や支援者の声に対し、極めて感情的な抑え込みの声が上がった。

去年の秋、教育基本法が変えられようとしていて、私はいろいろなところに出かけたし、発言もした。それに対し、とても知的だと思われる人々の会でも、「青木さんは国会に行ったというけれど、教基法ぐらいで国会に行くという危機感のレベルに自分は達していない」と、私には理解するのに時間がかかることばで批判があった。

マニアック?

「いじめ」報道がいわば利用され、その間にスルスルと教基法改悪が行われたと思ったので、「いじめ」に対しても、大雑把なとらえ方はしたくないと、「いじめ」は戦後の教育政策が途中から産業界中心の効率・能率主義競争教育になったことから始まった、と語り、書いた。それを証明するために１９５６年の教育委員公選制が任命制に変わったこと、58年の学習指導要領の改訂、61年の全国一斉学力テストの実施などを、年表で見ながら語った。そしてそういう私のやり方は何と「そんなマニアックな姿勢で…」と言われてしまったのである。言った人は極めて〝進歩的〟と思われるところにいて、そういう発言もしている人だ。

もちろん私の言い方、書き方もまずいのだろう。しかし私は30年以上こんな仕事をしてきているが、自分でも緻密さに欠けると思っていたし、細かいところをきちんと押さえるのは劣等感になるほど苦手なところであった。学者たちの、一つひとつ積み上げる論法に対し、私はやっぱり感覚的・感情的・非論理的なのだと、ため息をつきながらやってきたのだ。

大臣の発言に対し、「辞めろ」と抗議をするために、野党が審議拒否をすれば、何とか〝正常化〟するために話しあうということが、かつてはあった。同胞が３人も人質になれば、何はともあれ命の安全をみんなで考えようという空気も、かつてはあった。少なくとも「好きで行ったのだから自己責任だ」などと言う人は表立って、いなかった。

ワーッとさわいでいる「いじめ」に対し、冷静になりましょうと、資料を提示して歴史を考えたいというやり方を、かつては静かに迎えてくれた。少なくともマニアックなどという批判は、なかったと思う。

目立つものをたたく…

こうやってすべてが多数決のなかで、私に言わせれば「特に大さわぎすることもなく」スルスルと決まっていく、それに対抗する手法は、もはや私などのもっているものでは「古い」のか——そう思うのがつらいところだ。かといって、ものごとの問題点を考えるとき、その事実・歴史・現状を一つひとつ見ていく、そしておかしいことはおかしいと、できる範囲で集まって抗議したりする以外に、どんな方法があるのだろう。考えることと行動すること、それ以外に何があるのだろう。

きっと、先輩たちの語り方が「エラそうに」聞こえるのだろう。私たちの言い方が「わかったふうに」見えるのだろう。そういう種類の反発なのだろう——そう思いつつも不安は広がる。

もしかしたら、この動きは、ちょっとでも目立つものがあればほとんど反射的につぶそうとする動き、子どもたちの「いじめ」のなかによく顔を出す気持ちの動きなのだが、それかもしれない。とにかく「目立つな」「その場の空気を読め」「空気を読めない人にはイライラする」といった気持ちの表れかもしれない。

だとしたら、この国は「いじめ」の手法が力を得ているわけで、それならますます「目立ってやろう」と、異骨相（いごっそう）は心を奮い立たせている。

（2007年3月号）

「女性は子ども産む機械」

柳沢厚労相、少子化巡り

柳沢厚生労働相が27日、松江市で開かれた自民県議の後援会の集会で、女性を子どもを産む機械や装置に例えた発言をしていたことが分かった。

集会に出席した複数の関係者によると、柳沢厚労相は年金や福祉、医療の展望について約30分間講演。その中で少子化問題についてふれた際、「機械と言って申し訳ないけど」「機械と言ってごめんなさいね」などの言葉を入れながら、「15～50歳の女性の数は決まっている。産む機械、装置の数は決まっているから、あとは一人頭で頑張ってもらうしかない」などと述べたという。

会場では発言について異論はなく、主催者からの訂正などもなかったという。出席者の一人は「努力すれば状況は良くなると、女性を励ます趣旨と受け取った」と話した。

2007年1月28日　朝日

おわりに

1975年から30年余、記者としてずっとその時代の教育と、子どもを見てきました。その時10歳だった子どもたちは、2007年の今40歳をすぎています。今、子育てまっさい中の親たちが子どもだった時代から見ていたことになります。

今、子育て中の親や同世代の学校の先生たち、保育士さんたちと話していて、とても気になることがありました。本書の中にもそういう点をいくつかとりあげていますが、あまりにも「まわりの眼」を気にするというところです。いつも気をつかっていて、「まわり」を不快にさせないように、気配りばかりしている人が多いというところです。

そういう人とたくさん語り合ってきて、気配りは必ずしも「まわり」を大切にしているわけじゃない、むしろ浮いてしまわないように、「自分」を大切にしようとして行われているのではないかと思い至りました。そして、大切にするのは「自分」がキズつかないためであって、自分の意見を持っている人は逆に少ないことも知りました。つまり「まわり」から浮いてしまって「いじめ」られるかもしれないということをとても恐れているということです。そのために「自分」を抑え、「まわり」に合わせて生きることが、上手に生きることと思っている人がいるようです。

私は「いじめ」を取材してきて、「いじめ」は「自分」を大切にできないところから始まると思うようになりました。子どもたちがクラスメートを「ジコチュー（自己中心の意）」と責めるのをよく見てきました。それは自分が抑圧されたジコを抱えているから感情的にその子がうらやましくて言うこともありました。

私は戦後すぐ、１９４６（昭和21）年8月に生まれました。戦後の20年間に自分の基本が作られたようです。小学校でも中学校でも重視されたのは、「自分」の意見を持つこと、それを発表する力を身につけること、相手の意見をよく聞くこと、でした。クラス討論、生徒会活動は活発に行われていました。

この戦後20年間というのは、歴史的にも大きな意味を持つようです。鶴見俊輔さん編の『語りつぐ戦後史Ⅰ』（１９６９年、思想の科学社刊。私が購入したのは１９８１年の3刷目）の中で、元東京教育大学教授で、いわゆる「教科書裁判」を起こしてたたかわれた家永三郎さんが言っています。

「昔まったくなかったものが戦後になって新しく生まれている。人権の思想と平和の思想で、これだけは日本の伝統にはなかったものですね。それがしだいに日本人の間に定着してきたという点で、戦後20年の歴史は、日本の２０００年の歴史にうちで画期的なものといっていいでしょう。（略）」

この〝画期的〟な時代に教育をうけた私にとって、「自分」がキズつきたくないから「まわり」に合わせて生きる、何か言うと「いじめ」られるから、やられているクラスメートをかばうこともしないでじっと耐える——そういう子どもとの出会いは大きなショックでした。そして、１９７０年からの教育のなかに何が起きているのかを調べるようになりました。

苦しむ子どもはいつの時代にもいます。せめて同時代を生きる子どもに対して、私は何ができるのか、そう考えた30余年でした。「いじめ」についてはいつかまたまとめたいと思います。しかしその時々思うことを書きましたので、本書にも入っています。

あきらめずに生きたい、そう思っていますが、私も還暦をすぎました。今、モノを書くとき、これが最後の原稿になるかも？　という不安もよぎります。私たちの世代は、前の世代ほど長生きではないように思っています。子ども時代、「安全な食品」という観念の少ないなかで、悪いものを食べていますから。

でも、今日、この文が書けることを幸せに感じて、次の世代への責任として、書いていこうと思っています。子どものそばで生きる人が元気を出せるといいなと思います。

連載を本にすることを気持ちよく許してくださった子ども情報研究センターに感謝します。連載中、やさしいけれど迫力のあるさいそくを続けてくれて、誤字・誤用の多い原稿をていねいに直してくれた『はらっぱ』編集部の国松祐子さんに、感謝します。ありがとうございました。

原稿をまとめ、それとなくプレッシャーをかけてくれたけやき出版の宮前澄子さん、ありがとうございます。お互いタイガースファンで、打合せの最後はいつもその話になりました。いっしょに甲子園に行かれる日を期待しています。この本の企画を画策（？）したのは、けやき出版の酒井杏子さんと、私の夫の坂本鉄平です。２人にも感謝します。

多くの人と出会えることを信じて……。

２００７年６月

青木　悦

著者略歴
青木悦（あおき　えつ）
1946年、高知県中村市生まれ。「朝日中学生ウィークリー」「ふぇみん（婦人民主新聞）」記者を経て、現在フリーの教育ジャーナリスト。「いじめ」など、現代の子どもたちの状況を取材・執筆するとともに、全国各地で講演活動を行っている。著書に『アスファルトのたんぽぽ』『幻の子ども像』（坂本鉄平事務所：FAX03-5840-9852）、『「子どものために」という前に』『泣いていいんだよ』（けやき出版）などがある。東京都文京区在住。

『はらっぱ』
子どもとおとなの人権について考える交流情報誌。年11冊発行（2、3月は合併号）／B5判48ページ
人権保育・教育、子ども・子育て支援関連のトピックス、ティーンズの子どもたちからの発信、自然・環境問題などさまざまなコーナーを設け、子どもとおとなのパートナーシップ社会をめざして発信。

社団法人子ども情報研究センター
〒552-0021
大阪市港区築港2丁目8番24号
　pia NPO307号室
TEL06-4708-7087　FAX06-6577-1893
http://www.kojoken.jp/

なぜそんなに「まわり」を気にするの？──親と子をめぐる事件に思う

2007年9月28日　第1刷発行

著　者／青木　悦
発行者／清水　定

発行所／株式会社けやき出版
http://www.keyaki-s.co.jp
〒190-0023 東京都立川市柴崎町3-9-6 高野ビル
TEL042-525-9909　FAX042-524-7736
装　丁／株式会社アルファ・デザイン
印刷所／株式会社平河工業社

ISBN978-4-87751-344-3

「子どものために」という前に

—子育て 私の場合—

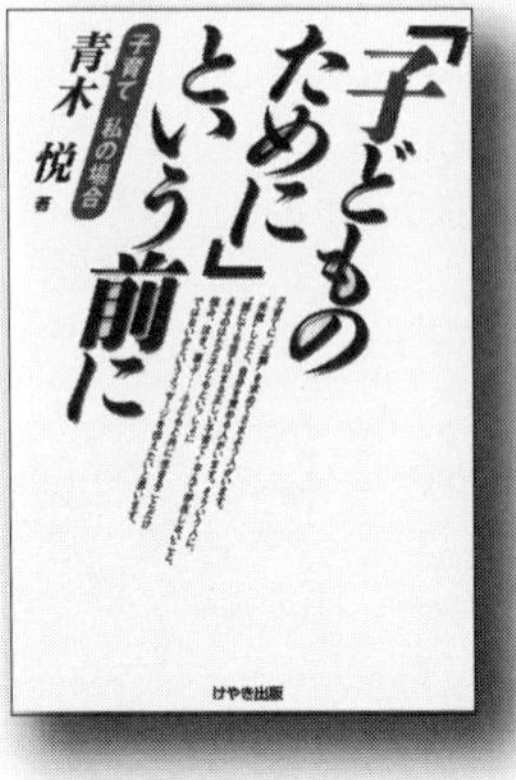

今ほど子どもが生きにくい世の中はないのです。その時代に子どもと生きる親が苦しいのは当然です。特に母親は、子どもを自分の通信簿のように思いこまされている人が多いのでがんばりすぎてしまいます。私も少しはがんばったけど、すぐまわりに「助けて！」と言って、みんなに我が子を育ててもらったようです。

泣いていいんだよ

—母と子の封印された感情—

一般的には虐待された人はまた虐待をすると思われているが、そうではない。虐待してしまった多くの人が虐待された経験を持っているというのが事実だろう。そして、ここで、虐待された人が次の世代にそれを送らないために、絶対必要なものがあることが見えてくるのではないだろうか。

青木悦 著：けやき出版刊：定価 各1470円（税込）